Hans Steinfort
Die Kunst des Naßfliegenfischens

Hans Steinfort

Die Kunst des Naßfliegenfischens

Mit klassischen und modernen Methoden zum Erfolg

Mit 50 Photos, davon 16 farbig,
und 51 Zeichnungen

Paul Parey · Hamburg und Berlin

Weitere Bücher von Hans Steinfort im Verlag Paul Parey:

Fliegenfischen für Anfänger
3. Auflage. 1980. 85 Seiten mit 36 Abbildungen

Fliegenfischen für Fortgeschrittene
1980. 83 Seiten mit 56 Abbildungen

Meisterhaftes Fliegenfischen
Expertenratschläge für Flugangler
Hrsg. von Hans Steinfort unter Mitarbeit von 11 namhaften Autoren
1984. 195 Seiten mit 217 Einzeldarstellungen, davon 58 farbig

Das Fischen mit der Trockenfliege
Voraussetzungen, Notwendigkeiten und Chancen
Von Hans Steinfort und Božidar Voljč
1985. 160 Seiten mit 41 Photos, davon 16 farbig,
und 77 Einzeldarstellungen in 35 Zeichnungen

CIP-Kurztitelaufnahme der Deutschen Bibliothek

Steinfort, Hans:
Die Kunst des Naßfliegenfischens : mit klass.
u. modernen Methoden zum Erfolg / Hans Steinfort. – Hamburg ; Berlin : Parey, 1986.
ISBN 3-490-44114-1

Photos von Hans Steinfort und Zeichnungen von Erwin Staub nach Vorlagen des Verfassers

ISBN 3-490-44114-1

Den großen Männern der Fliegenrute gewidmet

Vorwort

‚Die Kunst des Naßfliegenfischens' ist für den schon weiter fortgeschrittenen Flugangler bestimmt. Bereits beim ersten interessierten Durchblättern dieses Buches wird der Leser feststellen, daß sich kunstfertiges Naßfliegenfischen wesentlich von den herkömmlichen Vorstellungen und Methoden unterscheidet. Diese Disziplin setzt fundiertes Können und Wissen in der Sache voraus.

Wer sich der Naßfliege zuwendet, der Urmutter aller unserer Fliegen, muß also schon einige fliegenfischereiliche Erfahrungen gesammelt haben. Zumal die Jahrhunderte an der Naßfliege nicht spurlos vorübergingen und das Fischen damit, wie ich in diesem Buch zeigen werde, nicht auf traditionellem Niveau stehenblieb, sondern sich, durch neue Techniken und Geräte bedingt, merklich weiterentwickelte.

Allerdings hat die vielfältige Verwendbarkeit dieser alten, ewig jungen Fliege auf dem europäischen Kontinent bisher noch nicht die große Beachtung erlangt, die ihr z. B. in Übersee entgegengebracht wird. Wie ist das zu erklären? Sicher fehlt uns das in den englischsprachigen Ländern, vor allem im britischen Mutterland, tiefverwurzelte Traditionsbewußtsein, dem eine ungewöhnlich reichhaltige und fachkundige Überlieferung auf literarischem, handwerklichem und kulturellem Gebiet zur Seite steht. Unsere Fliegenfischer, von Tradition und Historie weniger belastet, haben deshalb gleich den direkten Weg zu Nymphe und Trockenfliege oder zum Streamer eingeschlagen. Dabei wurde aber die universellste aller Kunstfliegen, die Naßfliege, zumeist total übersehen.

Doch sind es gerade die gestandenen Trockenfliegen- und Nymphenfischer, die bereits über den notwendigen Sachverstand – auch auf dem Gebiet der Insektenkunde, der Entomologie – verfügen, den das kunstfertige Fischen mit der Naßfliege voraussetzt. Fundierte Kenntnisse in der Köderführung wie in der Insektenkunde sind hier also von größtem Nutzen. Denn die Naßfliege deckt mit ihrer typischen Anpassungs- und Verwandlungsfähigkeit das umfassendste Köderspektrum im Bereich des Fliegenfischens ab. Sie ist wie keine zweite Fliege imstande, fast jedes erdenkliche Kleinlebewesen zu imitieren, das mit seinen artspezifischen Formen und Verhaltensweisen das Interesse der Fische zu wecken vermag. Solch hoher Anspruch, den diese Fliege stellt, braucht den Neuling oder weniger Erfahrenen jedoch nicht abzuschrecken: Im Verlag Paul Parey sind gleich mehrere Fachbücher erschienen, die sich mit diesem Themenkreis befassen und auf leichtverständliche Weise zu einem Einstieg in die Materie verhelfen.

In den 60er Jahren begannen die teil- und vollsinkenden PVC-Fliegenschnüre von Nordamerika aus ihren Siegeszug um die Welt. Diese Erfolge kamen nicht nur Streamer und Nymphe, sondern auch der Naßfliege zugute. So gibt es heute kaum noch ein Hindernis, das uns davon abhalten könnte, die zahlreichen Kleinlebewesen, die sie darzustellen vermag, in den für sie jeweils günstigsten Gewässerschichten anzubieten. Den effektivsten Sinkleinentechniken widmet sich das Buch speziell.

Die Entwicklung wird gewiß fortschreiten, und so sind auf dem Flugleinensektor noch einige Neuerungen zu erwarten, die allerdings, was z. B. die Leinenführung anbelangt, keine besondere Umstellung verlangen dürften. Die Unterweisungen dieses Buches verlieren somit nichts von ihrer Aktualität.

Sehr intensiv habe ich mich um eine repräsentative Zusammenstellung von Naßfliegen bemüht, wie sie hierzulande nur den wenigsten bekannt sein dürften. Der Leser lernt über 150 Muster kennen, für die eingehend beschrieben wird, auf welche natürlichen Vorbilder sie zurückgehen, wie sie den Fischen anzubieten sind und aus welchen Materialien sie am häuslichen Fliegenstock nachgeformt werden können. Wegen dieser Materialangaben und Bindehinweise erweist sich ‚Die Kunst des Naßfliegenfischens‘ zugleich auch als informativer Ratgeber zum Anfertigen nicht alltäglicher Kunstfliegen. Nach Zahl und Anwendungsmöglichkeiten der vorgestellten Naßfliegen dürfte er zur Zeit noch von keinem anderen deutschsprachigen Fachbuch übertroffen werden. Es bleibt anzumerken, daß fast jedes hier aufgeführte Muster vom Verfasser und seinen britischen Freunden aus der hiesigen Garnison persönlich nachgebunden und am Fischwasser eingehend auf seine Effektivität geprüft worden ist.

Solche Vorbereitungen brauchen Zeit. So sind inzwischen, von der ersten Idee bis zur Fertigstellung dieses Buches, sechs Jahre verstrichen, eine Zeitspanne, in der ich Informationen aus allen Teilen der Welt gesammelt habe, um sie dann zu Hause oder an geeigneten Gaststrecken auf ihre Anwendbarkeit unter mitteleuropäischen Verhältnissen zu überprüfen. Die langgehegte, stetig gewachsene Neigung zur Naßfliege hat auf diesem Wege ein Buch entstehen lassen, dessen Inhalt eindeutig von der gewohnten Thematik abweicht und in neue Richtungen weist.

Richtungen und Wege, die allerdings bei unseren britischen Nachbarn keineswegs so unbekannt sind, zumindest was den traditionellen Teil der Naßfliegenfischerei anbelangt.

Das alles wäre ohne die Hilfe und das Wohlwollen des Verlages Paul Parey kaum möglich gewesen. Geholfen hat mir vor allem die Fürsprache des von mir sehr verehrten Dr. Hans Colas, seit Jahren Leiter des Lektorats Fischerei im Hause Parey, der mir mit seiner großen Geduld und liebenswürdigen Hilfsbereitschaft stets zur Seite stand. Ihm meinen ganz besonderen Dank! Herzlichen Dank aber auch an Erwin Staub, der – längst im aktiv erlebten Ruhestand – sich wieder einmal von seiner geliebten Angelrute losgerissen hat, um ein weiteres meiner Bücher mit kundiger Hand zu illustrieren.

Im Januar 1986   Hans Steinfort

Inhalt

Teil I

Warum die Naßfliege?

Man sagt, über 90 % ihres Nahrungsbedarfes deckten die Salmoniden unterhalb des Wasserspiegels. Schon allein diese These spricht für die Anwendung der Naßfliege. Meine eigenen bescheidenen Untersuchungen des Mageninhaltes gefangener Fische brachten über die Jahre ähnliche Resultate: im Durchschnitt überwiegend nasse Nahrung! Ich gehe sehr oft zum Fliegenfischen. Dank günstigen Dienstbetriebes und verständnisvoller Ehefrau kann ich fast tagtäglich die Fliegenrute schwingen. Nach fünfzehn Autominuten erreiche ich die untere Grenze unserer Ruhrstrecke und bis zur Lenne dauert es eine Viertelstunde länger. Beide Flüsse dieser Region sind Salmonidengewässer par excellence. – Also zähle ich zu den wenigen Glücklichen, die mit der Fliege fischen gehen können, wann immer sie wollen, und die das auch weidlich ausnützen.

Meine erfreuliche Situation kehre ich an dieser Stelle nur deswegen so deutlich heraus, weil jemand, der wöchentlich ein paarmal am Fischwasser steht, sich ein besseres Urteil erlauben kann als derjenige, der draußen (vielleicht gezwungenermaßen) nur kurze Gastspiele gibt. In all den zurückliegenden Jahren, die ich beobachtend und fliegenfischend an meinen kilometerlangen Heimatstrecken verbracht habe, richtete ich mich häufig nach den Magenbefunden, wenn ich nicht ganz sicher war, welche Fliege ich nehmen sollte. Natürlich läßt sich die Analysierung des Verdauungsbreis nur dort vornehmen, wo man den Fisch auch abschlagen und öffnen kann. Ein Kaffeesieb, das die Fischkost der letzten Stunden ausspülen und zerlegen hilft, sowie eine Lupe geben fürs erste hinreichend Aufschluß, was auf der Speisekarte der Edlen von Trutta, Gairdneri und Thymallus gerade stand. So interessant und erbaulich die Beschäftigung mit entomologischen Fragen ganz allgemein zu sein pflegt: Die im Geflecht jenes zweckentfremdeten Filters hängengebliebenen tierischen Rückstände erweisen sich als aufschlußreichste und verläßlichste Hilfe für den ernsthaften und kultivierten Fliegenfischer erst dann, wenn er sie dank guter insektenkundlicher Kenntnisse auch zuverlässig zu analysieren vermag. Am ergiebigsten sind derartige Studien natürlich dort, wo Fliegenfischen über das gesamte Jahr hinweg möglich ist, wie in meinem Fall an Ruhr und Lenne mit ihren guten Forellen- und noch besseren Äschenbeständen und nur kurzer Schonzeit vom 1. bis 15. März. Im sogenannten ‚Äschenhalbjahr‘, also innerhalb der Wintersaison, gerechnet von den ersten kalten Oktobertagen bis hin zum vorfrühlingshaften Märzen, besteht die einverleibte Kost fast ausschließlich aus Larven, Puppen, Nymphen, Muscheln, Schnecken, Kleinfischen, Flohkrebsen und unverdaulichem Material wie Steinchen und Hölzchen. Beweise von Oberflächennahrung bringen nur jene kurzen, aber unübersehbaren Perioden eines Eintagsfliegenschlupfes oder einer Mücken-Emergenz. In diesen Zeiträumen, mit teilweise vehementer Oberflächenaktivität, war auch eine gewisse Selektivität der Äschen festzustellen. Aber alle Fische, die ich weiterhin auf die Naßfliege fing, und das waren sehr viele, hatten nicht ein einziges geflügeltes Insekt im Leib, sondern nur unterwegs abgefangene Aufsteiger. Wogegen die zum Ende der Schlüpfaktivität auf Trockenfliege gefangenen Äschen überwiegend mit flugfähigen Insekten vollgestopft waren. Ich habe nicht die Absicht, hier irgendwelche Hypothesen zu propagieren, denn solche Auswertungen, zumal ziemlich laienhaft betrieben, können nur für das gerade befischte Gewässer, unter Berücksichtigung der hier jährlich schwankenden Nährtierchen-Populationen von Nutzen sein. Aber als wichtige Feststellung, die ich in den meisten Revieren gemacht habe, sei vermerkt, daß es oft die großgewordenen Fische sind, die den Aufstieg zur Wasseroberfläche meiden und sich deshalb am verläßlichsten mit der tiefer geführten Naßfliege fangen lassen. Ich habe einmal zum Beispiel und als Anregung zwei Magenproben mit ihren ganz spezifischen Zusammensetzungen photographiert. Natürlich habe ich zuvor einen Großteil der die Übersicht störenden Halb- und Unverdautheiten herausgenommen. Denn an manchen Tagen gleichen Äschen- und Forellenmägen mit all ihren chitingehärteten Insektenköpfen, -füßen, -panzern und -flügeln einer düsteren, mittelalterlichen Schädel- und Beinstätte. Die Abbildungen auf Tafel 2 zeigen als ausreichendes Beispiel, daß der Appetit unserer Fische nicht allein auf Eintags-, Köcher-, Steinfliegen- und Mücken-Imagines beschränkt ist, selbst wenn diese Tierchen geradezu aufdringlich über der Wasseroberfläche schwärmen oder damit in Kontakt stehen. So habe ich es mir schon lange abgewöhnt, nach diesen äußeren Fingerzeigen die Wahl der Fliege zu treffen. Denn was den

Tafel 1. Oben: Frühling im Gebirge. – Unten: Jetzt nimmt die Bachforelle die Märzbraune

Fischen so verführerisch über den Mäulern tanzt oder langstielig auf dem Fluß dahergedriftet kommt, wird da unten nicht immer als Hauptgang akzeptiert. Wie oft hat mir doch schon, inmitten satten Insektengefunkels, die plumpleibige, überschwer einfallende Käfernachbildung auf Anhieb den sich bisher ablehnend verhaltenden Fisch gebracht.

Es sind also die vielfältigen Landinsekten, die während der wärmeren Jahreszeit Abwechslung in den Nahrungshaushalt unserer Fische bringen und nicht selten absoluten Vorrang und Zuspruch genießen. Doch nicht nur das, was von oben kommt, findet reges Interesse. Puppen und Nymphen, die im Begriff sind, die umgekehrte Richtung einzuschlagen, wird ebenso kurzer Prozeß gemacht. Und den herumstrampelnden Wasserkerfen, Ruderwanzen, Egeln, Rückenschwimmern und Flohkrebsen droht ein ähnliches Schicksal. Magenbefunde verraten manchmal mehr als das dickste Fachbuch.

Als Extrem, dem heute mancher Fliegenbinder verfallen ist, erweist sich das Bestreben, eine möglichst realistische Nachbildung bestimmter Vorbilder zu erreichen. Dabei ist die Wirkung eines annähernd ‚lebensecht' gelungenen Musters bewiesenermaßen nicht besser als die eines impressionistisch nachempfundenen Phantasiegebildes, das gleich mehrere Nährtier-Ordnungen abzudecken vermag. Der weitere Inhalt dieses Buches wird zeigen, daß die Naßfliege hier imstande ist, zwischen den konventionellen Richtungen und dem modernen Spezialistentum als ruhender Pol einen gewissen Ausgleich zu schaffen, um mit dem ihr eigenen Flair den stets nach neuen Erfahrungen strebenden Fliegenfischer in ihren Bann zu schlagen.

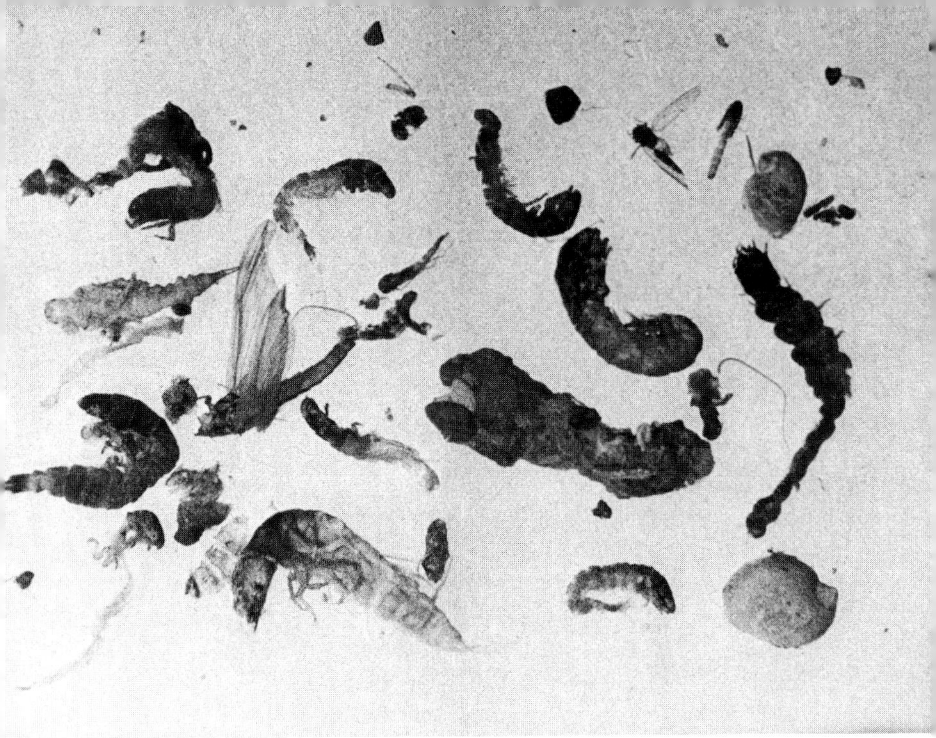

Tafel 2. Die Magenprobe brachte es an den Tag. Oben: Teile eines sommerlichen Forellenmenüs. Die ‚naß genommenen' Nährtierchen dominieren. – Unten: Die Äsche als Kannibalin (ein stark angedautes Äschenbaby). Außerdem liebt sie größere unverdauliche Hölzchen und Steinchen

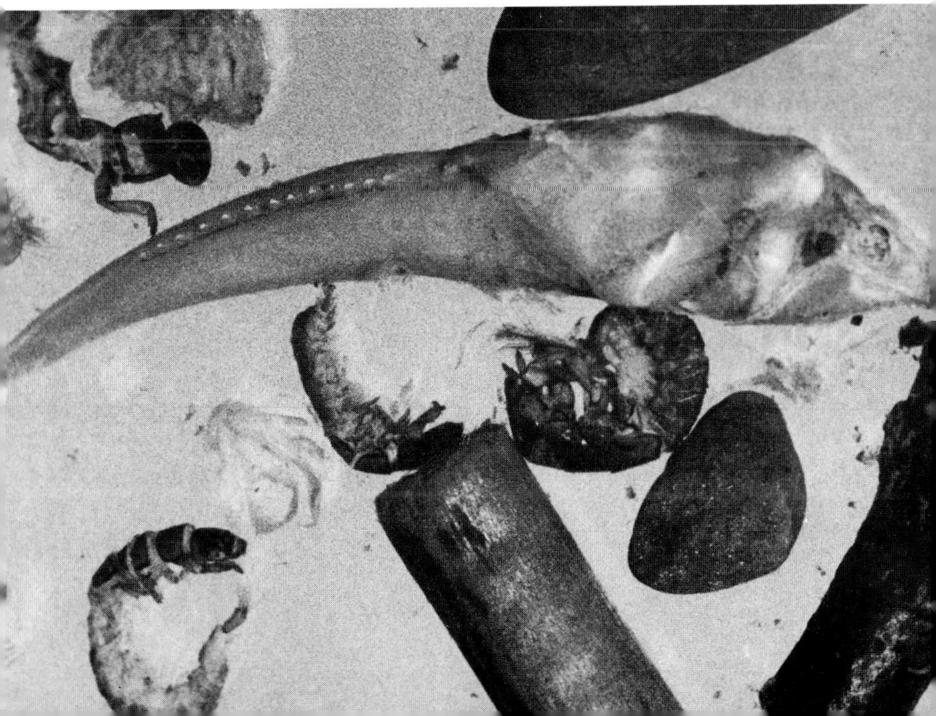

Über Ruten und Rollen

Eine Fliegenrute fürs Naßfischen sollte eher etwas länger als kürzer sein. Ausnahme: Angeln an schmaleren Gewässern. Die goldene Mitte liegt bei etwa 2,70 m. Ich selber benutze zur Zeit zwei 3-m-Modelle, von denen das eine in der Lage ist, auch eine schnelle Sinkleine plus beschwertem Spezialvorfach plus beleibter Großfliege zu verkraften, während das andere, von etwas sensiblerer Aktion, sich mehr für die Schwimmschnur und vorwiegend für den oberen Gewässerbereich eignet. Beide, etwa 105 g und 135 g schwer und aus Kohlefaserblanks gefertigt, werfen Leinen der Klassen 5–7 und ergänzen einander hervorragend. Sie haben mit ihrer für unsere Verhältnisse spezifischen Überlänge eines gemeinsam: Es läßt sich mit ihnen die Naßfliege, auch über Hindernisse und widrige Strömungen hinweg, trefflich führen und die Leine problemlos korrigieren (menden). Außerdem ist der stärkere Typ in der Lage, einige Meter tiefversunkener Leine samt beschwertem Vorfach mit bleibestückter Fliege aus dem Wasser zu heben. In der Praxis erlaubt ein solches Vermögen die unmittelbare Aufnahme von neun Gesamtmetern Leine und Vorfach, die der Angler mit ein, zwei Schwüngen samt der in der Hand oder auf dem Wasser deponierten Reserve sofort wieder hinausschießen lassen kann.

Die Briten, die Guten, hatten schon immer eine Vorliebe für längere Ruten, und das allemal bei der Naßfischerei. Außerdem hat bei ihnen, damals wie heute, eine Rute mit Niveau gespließt zu sein. Für die durchschnittliche kontinentale Hand kommt eine Gerte dieser Kategorie einem Prügel gleich, der, obendrein noch mit einem kräftigen Schuß angelsächsischen Phlegmas gewürzt, dem heimischen Fliegenfischer, besonders wenn er an temperamentvolle Kurzruten gewöhnt ist, eine gehörige Umstellung abverlangt. Ich spreche hier aus eigenen Erfahrungen. Trotzdem! Fast jeder kann sich auch an die Wesenszüge langer Fliegenruten gewöhnen, sofern er erst einmal erfahren hat, daß diese, wenn man sie nur läßt, vieles von selbst machen. Nur immer schön gemächlich vor- und zurückschwingen lassen: Leine und Vorfach rollen dann ruhig und präzise ihrem Ziel entgegen. Solches Gerät erinnert ein bißchen an die selbstkorrigierende Gutmütigkeit erfahrener Turnierpferde. Kluge Reiter bzw. Fischer werden sich anzupassen wissen.

Obwohl sich jeder auch an das höhere Gewicht von Gespließten gewöhnen kann, wird die Mehrzahl der Fliegenfischer die wesentlich leichteren Kohlefaserruten vorziehen. Ich kann es mir nicht verkneifen, der Kohlefaser ein Loblied zu singen, denn sie ist es, die den Umgang mit längeren Ruten erleichtert. Es war dieses Material, das eine wirklich positive Wende auf dem Rutenbausektor einleitete, die man jetzt im großen und ganzen als abgeschlossen betrachten kann. Kein Angler profitiert so sehr davon wie der Fliegenfischer.

Fliegenruten der 3-m-Kategorie, für Leinen der Klassen 5 bis 7 geeignet, liegen bei einem Gewicht zwischen etwa 100 bis 140 g, je nach Blankstärke und Betakelung. Jedoch spielen bei solchen Längen ein paar Gramm mehr oder weniger überhaupt keine Rolle mehr, weil der Angler hierbei ohnehin gezwungen ist, mit einem entsprechenden Rollenhalter und der darauf anzubringenden, nicht zu leicht gewählten Fliegenrolle einen statischen Gegenpol zu schaffen. Daß sich hierfür großvolumige Rollen mit entsprechender Kapazität von selbst ergeben, liegt auf der Hand. Ich habe sowieso etwas gegen jene winzigen, ultraleichten Fliegenröllchen, die im Nu der teuersten und geschmeidigsten Fliegenschnur zu einer unerhörten Lockenpracht verhelfen. Der Kenner wählt die Rollenkapazität ein bis zwei AFTMA-Klassen höher als die Leinenstärke, die er daraufzuspulen gedenkt.

Kleingehaltenen, zierlichen Rollen haftet noch ein weiterer elementarer Nachteil an: Sie holen die Leine nicht schnell genug ein! Vor allem dann, wenn's drauf ankommt, nämlich beim Drill. Wer beim Naßfischen mit schnellsinkenden Leinen, in scharfer Strömung, an einem starken Fisch hängt, kann es sich einfach nicht erlauben, die Schnur über den Zeigefinger einzuholen und aufs Wasser fallen zu lassen. Äsche und Forelle schießen häufig in der letzten Drillphase, im Strömungsschatten des Anglers, kreuz und quer und fahren dabei nicht selten in die überschüssige, ins Wasser hängende Leine. Die Folgen kann man sich leicht ausmalen. In solcher Situation muß die Leine längst auf die Rolle zurückgeholt sein, ehe das Finale einsetzt. Darum empfehle ich grundsätzlich Fliegenrollen größeren Durchmessers zu verwenden, die, das kann nur vorteilhaft sein, eventuell noch mit Übersetzungen versehen sind.

Der Naßfliegenfischer wird mit einer einzigen Rolle nicht auskommen. Im Gegenteil. Meistens trägt er eine ganze Kollektion, mit den verschiedensten Leinentypen bestückt, bei sich. Und damit sind wir schon bei einem wichtigen Thema, nämlich den Eigenschaften und Verwendungsmöglichkeiten der Fliegenschnüre und Vorfächer, die effektives Fischen in allen Gewässerbereichen gestatten.

Die Polaroidbrille

Bevor wir uns der Fliegenführung mit Hilfe der Schwimmschnur zuwenden, noch ein paar Worte über ein unerläßliches Utensil des Naßfliegenfischers, nämlich die Polaroidbrille. Sie ist ein äußerst nützliches Hilfsmittel, vor allem zum Erkennen von ,tieferen' Bissen, die sich dem Fischer nicht mehr durch Kräuseln oder Aufwallen der Wasseroberfläche mitteilen: Zeichen, die das erfahrene Auge ansonsten bei hoch steigenden Fischen selbst noch in turbulenten Gewässerabschnitten wahrnimmt. Sicher beeinträchtigen Morgen- und Abenddämmerung den Sichteffekt der Brille bis zur Bedeutungslosigkeit, und auch bei sehr unruhiger Oberfläche versagt sie den Dienst. Dennoch, die Voraussetzungen, unter denen Angler voll auf sie vertrauen können, überwiegen.

Bei klarem Wasser und günstigem Licht lassen sich mit der Polaroidbrille sehr tiefe und aufschlußreiche Einblicke ins Wasser gewinnen. Ebenso sind nahrungsaktive Fische zu erkennen, die augenblicklich nicht bis zur Wasseroberfläche aufsteigen. Oder auch grundnahe Fische, die sich da unten sicherer fühlen und ausschließlich der Bodenfauna zuwenden. Überhaupt ist leichter zu erkennen, wie der einzelne Fisch auf die Fliege reagiert. Ein plötzlicher Anbiß braucht also nicht unvorbereitet pariert zu werden. Die meist etwas zurückhaltende Äsche sieht man jetzt früh genug heranschweben und kann sich somit auf einen nicht zu hastig gesetzten Anhieb vorbereiten. Sogar bei der Forelle, die oft genug aus dem Nichts herangeschossen kommt, vermag der Fischer diese regelrechten Überfälle auf die Fliege wenigstens noch im letzten Sekundenbruchteil zu erkennen. Vor allem dann, wenn stundenlanger Leerlauf die Geister ein bißchen eingeschläfert hat. Für den Saibling gilt das gleiche. Freund Döbel dagegen verlangt wiederum eine eher bedächtige Reaktion seitens des Anglers. Darum ist es gut, wenn früh genug zu erkennen ist, mit wem man es zu tun bekommt. Denn bei Gevatter Dickkopf gilt bei hoch gefischter Naßfliege auch der alte Trockenfliegengrundsatz: Nicht zu hastig den Haken setzen!

Die wichtigste Hilfe aber leistet die Polaroidbrille, wenn die Naßfliege mehr als 30 cm unter der Wasseroberfläche angeboten wird. Nicht immer sind jetzt Bißanzeiger montiert oder signalisieren Leine und Vorfach den Anbiß. Jetzt wird, gute Wassersichtigkeit vorausgesetzt, der anschwimmende, maulöffnende und wieder abdrehende Fisch dem kundigen Auge in jeder Phase erkennbar gemacht. Der anfänglich häufigste Fehler: zu früher Anschlag. Erst wenn sich das hell aufblitzende Maul über der Fliege geschlossen hat und der Fisch sich abwenden will, hat die Rute nach oben zu fahren.

Eine Polaroidbrille vermittelt auch Sicherheit beim Waten in schwierigen Fließstrecken, vor allem, wenn diese mit sich regelmäßig versetzenden Rinnen und Untiefen oder heimtückischen Stolpersteinen gesegnet sind. Desgleichen bietet die Brille Schutz bei widrigem Wind, der die Fliege gegen die Augen drücken könnte.

Polaroidbrillen gibt es in allen Güte- und Preisklassen, nur sollte der Käufer auf einige technische Finessen achten. Die Brille muß so konstruiert sein, daß sie in Sekundenschnelle hochgeklappt werden kann, damit der unverdunkelte Ausblick, z. B. in Schattenpartien, sofort hergestellt ist. Außerdem sollte sie aus schwimmfähigem Material bestehen und mit scheuklappenähnlichen Bügeln versehen sein, die störendes Seitenlicht abhalten.

Das Naßfliegenfischen mit der Schwimmschnur

Die an der Oberfläche schwimmende Fliegenschnur ist die ‚klassische' Leine an sich. Viele Fliegenfischer führen ausschließlich diesen Typ, allen voran die Trockenfischer. Mit ihm lassen sich praktisch alle Formen künstlicher Fliegen anbieten. Auch Fische, die nicht im oberen Gewässerbereich nahrungsaktiv sind, werden mit Hilfe der Schwimmschnur gereizt, nach der Fliege aufzugehen, sie zu nehmen oder – es auch zu unterlassen. Letzteres zeigt sich hauptsächlich bei erfahrenen, altersträgen und somit bequemen Fischen, deren Gewicht meist weit über der gewohnten Norm liegt. Und falls es der Fliegenfischer nicht versteht, mit allerlei Tricks, unter Ausnutzung der Tages- und Jahreszeiten sowie des Futterzyklus, die Schwächen dieser Fische gegen sie selbst auszuspielen, dann bleibt meistens das Durchschnittsgewicht der Tagesstrecke im Rahmen des Normalen und Gewohnten. Doch wie auch Gewohnheit und Anspruch beschaffen sein mögen: Das Fischen mit der Schwimmschnur ist und bleibt die Seele aller Dinge, ganz gleich, mit welcher Fliege gefischt wird.

Für das Naßfliegenfischen im oberen Gewässerbereich, den ich hier einmal unmittelbar vom Wasserspiegel bis zu etwa 30 cm Tiefe abgrenzen möchte, bietet das Angeln mit der Schwimmschnur einen geradezu exzellenten Sport. Er unterliegt dem Anspruch fliegenfischereilicher Reife und Erfahrung, des geschärften Blicks und der Intuition. Die Naßfliege, unmittelbar unter der Oberfläche gefischt, hat vieles mit der Trockenfischerei gemein, denn sie läßt Angriff und Zubiß, aber auch Abkehr, genauso deutlich wie bei einer auf dem Wasser dahintreibenden Trockenfliege erkennen.

An dieser Stelle muß der Autor wohl einmal kurz seine weiteren Ausführungen unterbrechen, denn er ahnt schon die Frage: ,,Warum denn nicht gleich mit der Trockenfliege?" Nun, weil ich mich an meinen ausgedehnten Heimatstrecken, wie auch anderswo, von der in Fachkreisen längst bekannten Tatsache überzeugen konnte, daß die Naßfliege selbst dann noch zum Anbiß reizt, wenn andere künstliche Fliegen, aus welchen Gründen auch immer, total versagen. Und weil ich mit der Naßfliege zwar nicht in jedem Fall die meisten, wohl immer aber meine schwersten Fische gefangen habe. Grundsätzlich bedeutet das aber keine

Ablehnung oder Abwertung der Trockenfliege, noch irgendeiner anderen. Denn hätte ich sonst, zusammen mit Dr. Voljč, der Trockenfliegenfischerei ein ganzes Buch gewidmet? (Steinfort/Voljč, ‚Das Fischen mit der Trockenfliege', Verlag Paul Parey 1985).

Daß ich die Naßfliege auf den Schild der Lobpreisung hebe, hat außerdem aber noch andere Gründe. Ich bin von dem Flair, das die Urmutter aller unserer Fliegen mit ihrem Schatz an Formen, reichen Binde- und vielfältigen Imitationsmöglichkeiten ausstrahlt, einfach fasziniert. Zudem habe ich erfahren, daß selbst noch jene uralten, aus verstaubten Folianten aufgestöberten Archetypen oftmals besser fangen als so viele hochgepriesene zeitgenössische Schöpfungen. Es ist einfach etwas Atemberaubendes, mit irgendeinem historischen oder klassischen Muster eine sich allen anderen Imitationen verweigernde Forelle oder Äsche zu überlisten. Naßfliegen, die sich über Anglergenerationen hinaus bewährt haben, gehen in die Abertausende. Ein Anglerleben reicht nicht aus, sie alle samt und sonders durchzuprobieren. Zweifellos spielt aber auch eine ausgefeilte, auf die richtige Naßfliege abgestimmte Präsentationstechnik eine entscheidende Rolle. Beides miteinander in Einklang gebracht, geeignete Fliege und deren angemessene Führung, beschert dem Naßfliegenfischer jene vielbewunderten Erfolge.

Für die Naßfliegenfischerei im oberen Gewässerbereich läßt sich jedes sogenannte Trockenfliegenvorfach verwenden. In der Regel kann man bei einer Standardspitze von 0,60 m Länge bleiben. Sollten sich die Fische jedoch als sehr mißtrauisch erweisen, so kann die Spitze auf 1,50 m und mehr verlängert werden. Die lange Naßfliegenrute wird auch damit fertig. Ein routinierter Fliegenfischer hat es ja sehr schnell heraus, ob die Fische den beabsichtigten Betrug erahnen, vornehmlich bei niederem und klarem Fluß. Aufbuckelndes Wasser, ein feiner Strudel oder ein verächtlicher Schwanzschlag nach der Fliege, letzteres besonders gern von der Äsche praktiziert, zeugen von diesen ablehnenden Bekundungen. Dem Fischer bleibt dann nur noch die Alternative einer bruchanfälligen 0,12er oder gar 0,10er Vorfachspitze entsprechender Länge, was in der Folge zu so mancher abgerissenen, im Fischmaul hängengebliebenen Fliege führt. Schließlich bietet sich, wenn auch diese Möglichkeit nicht hilft, nur das Überwechseln zu günstiger gelegenen Flußstrecken mit ausgiebigen Schattenpartien oder schnellfließenden Abschnitten an. Dort muß der Fisch, will er den vermeintlichen Happen nicht verpassen, blitzschnell nach der Fliege aufgehen und zuschnappen.

Erfolgreiches Naßfischen im oberen Gewässerbereich gewährt nur die ungehindert abdriftende Fliege. Mit dem bekannt-berüchtigten

Stromabfischen an straffgehaltener Leine hat das nichts zu tun. Denn nicht ganz zu Unrecht ist diese Art der Fliegenführung als Anfänger- und Auf-gut-Glück-Methode verschrieen und mit dem Makel behaftet, daß hierbei nur allzu häufig Fische angeritzt und somit zu überhöhtem Argwohn erzogen werden. Nein, effektive Naßfliegenfischerei, auf dem europäischen Festland so gut wie unbekannt, ist mehr ein Betätigungsfeld für gestandene Trocken- und Nymphenfischer, denn diese werden sich mit ihren geschulten Sinnen und praktischen Fähigkeiten am ehesten einfühlen können. Die Präsentation unterscheidet sich, was die Schnurablage betrifft, kaum von den üblichen Techniken der Trockenfischerei. Man kennt auch hier die gleichen Stromauf-, Querab-, Stromab- und Hinderniswürfe. Einziger Unterschied: Die Naßfliege treibt nach dem Einfallen dicht unter der Oberfläche auf den vorher ausgemachten oder vermuteten Fisch zu. Das geht mit locker geführter Leine und ebensolchem Vorfach vor sich. Bei hinreichender Oberflächenaktivität der Fische entscheidet sich der Angler für die feinste, genußvollste und vornehmste Art des Naßfischens, nämlich für die Fliegenführung von ein bis zwei Fingerbreit unter dem Wasserspiegel. Hierfür muß das Vorfach mit Schnurfett höchster Güte bis kurz vor der Fliege schwimmfähig gemacht werden, denn es soll einmal die hohe Fliegenführung unterstützen und zum anderen gegebenenfalls als Bißanzeiger fungieren. Darum wird das ständig wiederholte Nachfetten des Vorfachs bei dieser Art Fischerei zu einer unerläßlichen Pflicht, die sich der Angler mit einem selbstgebastelten, griffbereit an der Weste hängenden Schnurfetter erleichtert (Abb. 1).

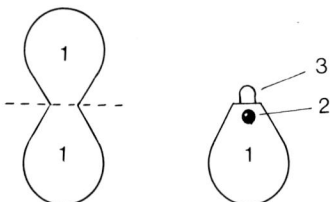

Abb. 1. Praktischer Schnurfetter. Er wird aus einem Stück Leder oder Alcantara herausgeschnitten und auf den Innenseiten mit Filz beklebt. Mit Niet und Aufhängeöse versehen, kann er an der Weste befestigt werden. 1: Leder oder Alcantara; 2: Niet; 3: Drahtöse zum Aufhängen

Mit Hilfe eines gutgefetteten Vorfachs wird die Fliege also in relativ hoher Position gefischt. Und obwohl die Naßfliege, wie schon vorhin erwähnt, völlig ungehindert im Wasser schwimmt, üben die in jedem Fließwasser herrschenden Strömungsunterschiede und Turbulenzen soviel Kraft aus, daß ihre Hecheln, und bei diversen Mustern die vorhandenen Dubbingflusen, sich eifrig zu bewegen und zu spielen beginnen. Dieser spezifischen Eigenbeweglichkeit kann es keine andere

Fliege gleichtun. Sie ist das eigentliche Geheimnis für die überraschende Fängigkeit der Naßfliege. Ihre ‚Lebendigkeit‘, hervorgerufen von Hecheln und Dubbingmaterial, reizt den Fisch zum Angriff, zum Anbiß. Diese Reizwirkung kann vom Angler noch gesteigert werden, indem er die abdriftende Leine, und somit Fliege und Vorfach, zeitweise zart anstoppt. Ich wiederhole wegen der Wichtigkeit: a n s t o p p t, aber nicht a b s t o p p t. Hierzu gehört ein äußerst feines Fingerspitzengefühl, das sich der Durchschnittsangler erst erwerben muß, denn nicht selten wird hierbei des Guten zuviel getan. Die Fliege soll ja ein schwaches, dem Einfluß der Wassermassen relativ hilflos ausgeliefertes Kleinlebewesen darstellen. Ein allzu forsches, durch das Wasser eilendes Etwas würde bei erfahrenen, bereits ‚gebrannten‘ Fischen nur abweisendes Mißtrauen hervorrufen.

Sollte die Beißaktivität im Oberflächenbereich nachlassen oder überhaupt nicht stattfinden, also jedwede Interessenbekundung der Fische ausbleiben, dann wird die Naßfliege am besten etwas tiefer gefischt. Hierfür muß die Vorfachspitze auf etwa 60 cm entfettet werden. Zu diesem Zweck greift der Praktiker zu diversen Mitteln oder bedient sich ebenso wirksamer Naturprodukte wie der Pflanzenblätter, die längs des Fischwassers sprießen. Damit die Absinkphase der Naßfliege unmittelbar nach dem Einwurf einsetzt, stoppt der Angler nach dem letzten Vorschwung die Rute leicht zurück. Die Fliege durchschlägt mit einem Flop die Wasserhaut und kann ungehindert auf Tiefe gehen. Das sind während einer Abdrift etwa 30 cm; manchmal mehr, manchmal weniger, je nach Zustand des Vorfachs, der einzuplanenden Vorlage und, was ebenfalls einkalkuliert werden muß, der Strömungsgeschwindigkeit.

Schon bei dieser Methode der Fliegenführung bekommt der Durchschnittsangler möglicherweise Probleme, wie er einen Biß erkennen soll. Hier ist der Nymphenfischer mit seiner Erfahrung und dem 6. Sinn, der manche dieser Fachleute auszeichnet, wesentlich im Vorteil. Er erkennt oder erahnt die Aktivitäten, die um die unsichtbare, unter Wasser treibende Naßfliege entstehen. Denn ist noch bei einer unmittelbar unter der Oberfläche angebotenen Fliege ein zarter Äschenbiß erkennbar, so sind bei einem tiefer gefischten Muster andere Zeichen zu beachten: ein verdächtiger Wirbel oder Schwall, der die Oberfläche wellt und kräuselt, ein Ruck im Restteil des noch auf dem Wasser schwimmenden Vorfachs. Oder es ist der Fisch selbst, den man beim Nehmen der Fliege oder im Abdrehen danach deutlich erkennt. Erfahrene Naßfliegenfischer schlagen manchmal auch ohne jede vorherige optische Wahrnehmung an, und der Fisch hängt am Haken. Diese Leistung, die nicht nur dem Laien wie Hexerei vorkommt, gründet sich für den Fachmann jedoch auf einen leicht zu erratenden Ablauf unsichtbarer Geschehnisse. Dadurch ist er in der Lage, die Abdrift seiner tiefgeführten Fliege, von ihrem Einfallpunkt bis zu jener Stelle, an der sie genommen werden müßte, so genau zu berechnen, daß der blind ausgeführte Anhieb fast immer sitzt. Ja, der erfahrene Naßfliegenfischer ist sich seiner Sache so sicher, daß er, zischt seine Hakenspitze mal ins Leere, den Hergang so oft wiederholt, bis der Fisch endlich hängt. Denn dieser hatte mit größter Wahrscheinlichkeit die Fliege übersehen oder verfehlt. Solche Erfolge weisen zwar den Meister aus, sind aber durchaus erreichbar.

Fischt man etwas tiefer und auf gut Glück, bleiben viele Bisse unbemerkt. Die Leine wird ja locker, nicht straff geführt. So nimmt der Fisch die Fliege, vom Angler unbeachtet, ins Maul, erkennt sie als Fremdkörper und speit sie unverzüglich wieder aus. Dies jedoch schadet weder Fischer noch Fisch. Denn letzterem unterlaufen derartige Irrtümer immer wieder, ja, sie gehören zu seiner gewohnten Verhaltensweise. Er kann es sich gar nicht leisten, irgendeinen, vielleicht nahrhaften Bissen vorüberschwimmen zu lassen, ohne ihn auf seine Genießbarkeit zu überprüfen. Bei Aquariumfischen lassen sich solche Gewohnheiten sehr gut beobachten. Serviert der Fliegenfischer darauf die Nasse aufs neue und bekommt sie der Fisch jetzt aus einer anderen Perspektive zu Gesicht, dann wird er ohne Mißtrauen und Besinnen wieder danach schnappen und diesmal, vom Angler bemerkt, am Haken sitzen. Die Art, mit möglichst lockerer Leine und lose abdriftender Fliege zu fischen, hat ja bei unbeachteten Bissen den großen Vorteil, daß der zugreifende Fisch nicht auf Stunden hinaus geschockt und vergrämt ist. Um aber in Sonderfällen der Fehlbißquote vorzubeugen, benutzt der Routinier sogenannte Bißanzeiger. Dem weniger gewieften Fliegenfischer oder gar dem Anfänger sind sie außerdem eine wertvolle Hilfe, bis auch er eine ausreichende Geschicklichkeit erlangt hat.

Die Bißanzeiger

Der Bißanzeiger, im Fliegenfischerenglisch ‚Strike Indicator‘ genannt, ist so alt wie die Fliegenfischerei selbst. Im Mittelalter gab die englische Äbtissin Juliana Berners bereits Kunde von diesem optischen Hilfsmittel: einem kleinen Stückchen Kork. Ein solches Objekt wird etwa 1,50 m von der Fliege entfernt auf das Vorfach geschoben. Jener, von der seligen

Tafel 3. Oben: Naßfischen auf engstem Raum. – Unten: Der Bachsaibling schätzt solch kühle klare Bäche

Juliana erwähnte Strike Indicator, erbsengroß geschliffen, mittendurch ein Hölzchen gesteckt, war sicher keine schlechte Erfindung, denn viele Fliegenfischer schwören noch heute darauf. Den Rohstoff gewinnt man gegenwärtig am besten von einer ausgedienten Cognacflasche gehobener Qualität, denn die dort verwendeten Pfropfen geben das beste Material her. Mit einem glühenden Nagel wird ein Loch durch das Korkkügelchen gebrannt, ein Stückchen Zahnstocher bildet den Verschluß, und fertig ist ein Bißanzeiger, der einem kleinen, einfachen Schwimmer ähnelt (Abb. 4). Schnell ist durch diesen klassischen Signalgeber das Vorfach hindurchgefädelt und mit Hilfe des Holzstückchens in entsprechender Position fixiert.

Einen weiteren, fast schon historischen Behelf stellt die buschig gebundene, gut besprühte Trockenfliege dar. Sie wird als ‚Springer' in Stellung gebracht und signalisiert, wie jeder Bißanzeiger, durch einen Ruck oder plötzliches Wegtauchen, daß auf die Naßfliege gebissen wurde. Nicht selten wird jene etwas spektakuläre Sehhilfe selber von den Fischen genommen und ist deswegen bei Puristen ziemlich umstritten. Ich allerdings sehe die Sache nicht so eng, denn manchmal ist es sehr nützlich und auch interessant, mit mehreren Fliegen am Vorfach zu fischen. Doch darüber später. Es muß aber abschließend zu diesem Bißanzeiger noch bemerkt werden, daß er das unstabilste System meiner kleinen Auswahl darstellt.

Den elegantesten, geschmeidigsten und auch stilvollsten Bißanzeiger aber gibt ein etwa 5 bis 8 cm langes Stückchen weißer, roter oder gelber Schwimmschnur her. Aus der meist unversehrten Mitte einer ausrangierten Fliegenleine schneidet der Fischer ein entsprechend langes Teilchen heraus, spleißt links und rechts je ein Stückchen monofiles Nylon ein (Abb. 2) und integriert es in das Vorfach. Dieser Indikator kann unter Umständen mit auf die Rolle gespult werden. Für unerfahrene Angler ist er allerdings kaum geeignet, weil er meist dicht unter der Wasseroberfläche schwimmt und mit den Blicken weniger gut zu verfolgen ist.

An richtiger Stelle ist der Büschel-Indikator schnell ins Vorfach eingebaut. Ein Bündel leuchtend rotes oder gelbes ‚Fish-hair' oder ähnlich beschaffenes, fluoreszierendes Fliegenbindematerial wird in der in Abb. 3 gezeigten Weise ins Vorfach geknotet. Soll dieser Indikator amerikanischen Ursprungs noch schwimmfähiger werden, läßt er sich auch mit diversen Präparaten ansprühen oder einfetten.

Ich selber verwende meistens, das sei dem interessierten Leser an dieser Stelle verraten, entweder einen auf die Rolle gespulten Bißanzei-

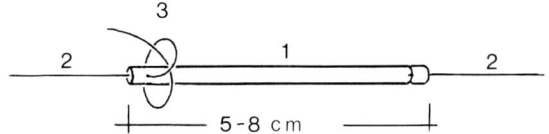

Abb. 2. Bißanzeiger aus Fliegenleine. 1: Fliegenleine; 2: monofiles Nylon; 3: einfacher Knoten. Unter einem laufenden Fön wird mit einer dünnen Nähnadel das monofile Nylon etwa 5 mm in die Leine eingespließt, seitlich hinausgeführt und mit einem einfachen Knoten fixiert, der mit UHU plus endfest 300 versiegelt wird

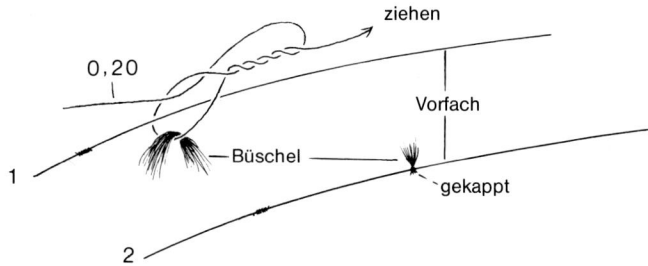

Abb. 3. Büschel-Indikator. Ein Büschel ‚Fish-hair' oder ähnliches Material wird aufs Vorfach gebunden (1) und unterhalb des Knotens gekappt (2)

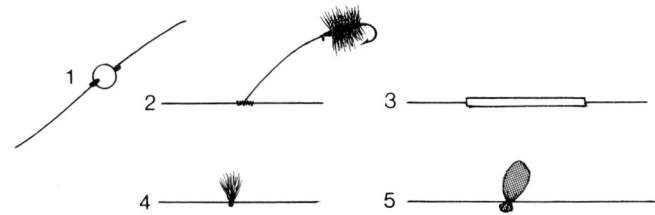

Abb. 4 Die beschriebenen Bißanzeiger. 1: aus Kork; 2: mit buschiger Trockenfliege; 3: ein Stück ausgedienter Fliegenschnur; 4: ein Büschel aus Kunsthaar oder ähnlichem Material; 5. Styropor in Nylongewebe

ger aus einem Stückchen Fliegenleine, wie ihn Abb. 2 zeigt, oder ich gebrauche, wenn's schnell gehen soll, ein kleines Teilchen Styropor, das, von einem Fetzen hellen Damenstrumpfgewebes umhüllt, ähnlich wie der Büschel-Indikator aufs Vorfach geknotet wird (Abb. 4, Nr. 5). Abschließend möchte ich noch darauf hinweisen, daß manchmal auch die Angelgeräte-Industrie den einen oder anderen brauchbaren Indikator anbietet.

Der Bißanzeiger darf nicht zu voluminös sein, weil er beim Werfen, durch seine Trägheit und den Luftwiderstand bedingt, den Wurfablauf unangenehm behindern kann. Besonders Kork- und Styropor-Indikatoren fallen hierbei auf. Eine lange, nicht zu schnelle Rute fängt aber einen guten Teil dieser negativen Erscheinungen wieder auf.

Wie dem auch sei: Ohne den einen oder anderen Bißanzeiger bliebe so manch guter Fisch ungefangen und ginge an Altersschwäche ein. Denn Äschengroßmutter und Uraltforelle hausen nicht selten tief am Grunde hinter gischtumsprühten Hindernissen oder tosenden Wehren und Wasserfällen, von reißender Strömung ungestört. Diese Fische sind für den Oberflächenbereich kaum noch zu aktivieren. Ein den Umständen entsprechend ausgewählter Bißanzeiger, der zu der beschwerten, tief abgesunkenen Naßfliege den einzigen Kontakt darstellt, ist oftmals der einzige Anhaltspunkt in solch schwierigen Situationen. Denn auch hier muß die Schwimmschnur locker geführt werden, besteht also kein ‚Handkontakt' zur Fliege. Denn jeder Zug an der Leine würde die Naßfliege, trotz des zu verwendenden überlangen Vorfachs, sofort wieder nach oben bringen. Darum wird niemand, der die Materie kennt, den Wert eines guten Bißanzeigers bestreiten wollen. Dennoch, irgendwie bleibt er ein Fremdkörper, der vor allem den Ästheten ein bißchen unbehaglich ans Posenangeln erinnert. Von jenem integrierten Stückchen Flugleine vielleicht einmal abgesehen.

Die Präsentation und Führung der Naßfliege

Bevor wir mit der Naßfliege ans Wasser gehen, ein paar Betrachtungen über die DT- und WF-Schwimmschnüre. Wird bedacht, daß das Naßfischen gegenüber dem rasanteren Trockenfischen eine eher etwas gemäßigtere Disziplin ist, und auch die zu werfenden Distanzen meist im Rahmen des Herkömmlichen bleiben, dann ist die Wahl des Schnurprofils, DT oder WF, zweitrangig. Die im Mittel- und Endteil schlankeren WF-Typen lassen sich zwar besser korrigieren (menden), und auch bei der winterlichen Äschenfischerei, wenn bei Null-Graden die Rutenringe zu vereisen beginnen, wirft das dünnere Schnurprofil weniger Probleme auf. Dennoch fische ich selbst lieber eine DT-Leine. Sie liegt satter auf dem Wasser, und für mein Gefühl kann damit auch der Anhieb viel geschmeidiger gesetzt werden.

Die Querabstrategie

Der Querabwurf ist wohl einer der am meisten praktizierten Würfe in der klassischen wie in der modernen Naßfliegenfischerei. Der Angler watet ins Wasser und wirft nach beiden Ufern auf steigende oder vermutete Fische. Hierbei läuft vieles mit der Trockenfischerei parallel, und keiner weiß so genau, wer bei wem gewisse Anleihen gemacht hat. Der Naßfliegenfischer aber hat gegenüber seinem Freund mit der Trokkenen ein paar wesentliche Vorteile. Abgesehen davon, daß er alle drei Dimensionen (Oberflächen-, Mittel- und Grundbereich) mit seiner Fliege absucht, kann er, sollte es die Situation erfordern, die Nasse aus einer höchst unverdächtigen Entfernung auf ihr Ziel zutreiben lassen. Der verdachterregende Wurfablauf, das Einfallen der Leine und das ‚unnatürliche' Verhalten der Fliege, z. B. das Dreggen oder Flitzen, werden dem Fisch ferngehalten. Das sind aber auch schon die außergewöhnlichen Präsentationstechniken, die den meist scheuen Einzelgängern gelten. Bei normalen Verhältnissen wird der Angler die Fliege ziemlich rationell und nicht weiter als nötig vor dem Fisch plazieren. Das bedeutet bei der Äsche die obligate, durch ihre spezifischen Steiggewohnheiten bedingte Vorlage. Bei Forelle und Saibling wird der Abstand kürzer bemessen sein (Abb. 5). Sind zwischen Rute und Fisch

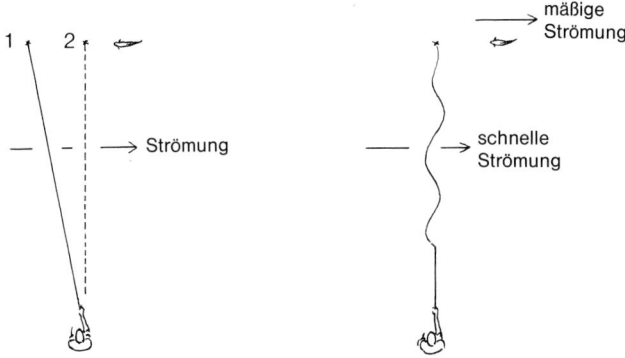

Abb. 5 (links). Normalwurf. 1: Aufsatzpunkt bei Äsche; 2: Aufsatzpunkt bei Forelle und Saibling. – *Abb. 6 (rechts)*. Der Schlangenwurf gleicht Strömungsunterschiede aus

wesentliche Strömungsunterschiede vorhanden, gleicht man diese mit den bekannten Tricks, z. B. dem Schlangenwurf (Abb. 6), wieder aus. Sind Leine und Fliege zu Wasser gebracht und befinden sich in der Abdrift, folgt ihnen der Fischer mit der Rutenspitze. Hierbei bietet eine

31

lange Naßrute mit ihrem größeren Aktionsradius enorme Vorteile: Sie läßt die Fliege über die notwendige Distanz ungehindert abtreiben. Wird es trotzdem mal ein bißchen knapp, dann zieht man eine entsprechende Länge von der Rolle und bringt sie mit einem Schlenker als zusätzliche Reserve aufs Wasser. Schwerer wird's bei extrem ungünstigen Strömungsunterschieden oder bei schwierigen Fischen, die eine weite, unverdächtige Vorlage verlangen. Beim Querabwurf wird das gemeistert durch:

1. Bogenwurf und weite Vorlage stromauf vom Fisch
2. Menden
3. Unverdächtiges Eintreibenlassen der Fliege
4. Richtige Anbietehöhe der Fliege.

Das eine oder andere kann aus taktischen Gründen unterlassen werden. Angenommen, querab vom Angler steigt ein Fisch, wahrscheinlich eine Forelle. Oder es entstehen laufend mehrere Ringe, die auf eine Schule nahrungsaktiver Äschen schließen lassen. Oder es ist überhaupt nichts los, kein einziger Schwall zeichnet die Oberfläche. Aber dort drüben, längs der Krautbank, haben wir schon so manchen guten Fisch gehakt. Da wollen wir mal ‚anklopfen', ob sich irgendein Mucker übertölpeln läßt . . . Die Entfernung beträgt etwa 15 m, schon für Durchschnittswerfer eine Bagatelle. Nur zwischen dem Angler und seinem Ziel ist die Strömung erheblich schneller. Sie würde sofort in die Leine greifen und die Fliege viel zu schnell durchs Wasser ziehen. Das hat bei der naß geführten Fliege zwar nicht jene verheerenden Wirkungen wie bei einer trockenen. Gewitzte Fische jedoch würden gewarnt sein. Um auf Nummer Sicher zu gehen, muß die Fliege jetzt so unverdächtig wie möglich präsentiert werden, und zwar mit einem Bogenwurf mit ziemlich weiter Vorlage und anschließendem Mending (Abb. 7).

Das Menden, das Korrigieren oder Umlegen der Leine, was alles dasselbe ist, stellt eine für das Naßfliegenfischen sehr wichtige Handhabung dar. Hierzu ein paar Bemerkungen: Um das in diesem Buch immer wieder beschworene ‚ruhige und ungehinderte Abtreibenlassen' der Naßfliege zu gewährleisten, bedient sich der Fliegenfischer folgender Tricks. Sobald er merkt, daß die Strömung in die Leine greift und die Gefahr besteht, daß die Fliege dadurch aus ihrer Bahn gezogen wird, nimmt er die ansonsten horizontal gehaltene Rutenspitze hoch und reißt einen Teil der Leine aus dem Wasser. Diesen Teil wirft er jetzt mit einem Schlenker in einem möglichst weiten Bogen gegen die Strömung. Dadurch wird der Strömungsdruck auf die Leine gemildert, und die Fliege bleibt von unliebsamen Einflüssen, wie Schlittern, auffälligem

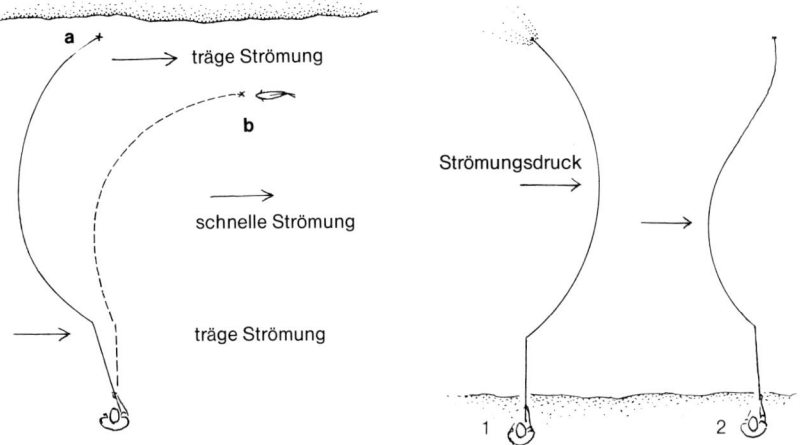

Abb. 7 (links). Bogenwurf mit anschließendem Menden. a: Aufsatzpunkt der Fliege nach Bogenwurf; b: Position der Fliege nach dem Menden. – *Abb. 8 (rechts).* Entlasten der Leine durch Menden. 1: Die Strömung greift in den Schnurbogen, die Fliege furcht; 2: Durch das Umlegen gegen die Strömung wird dieses Problem gelöst

Furchen und unnatürlicher Beschleunigung, weitgehend verschont. Und jetzt nochmals: Eine lange Rute stellt bei dieser Art der Fliegenführung eine erstklassige Hilfe dar. Der Wichtigkeit wegen soll Abb. 8 den Vorgang des Mendens zusätzlich verdeutlichen.

Nach vollendetem Bogenwurf, der ein bißchen über die Entfernung des Fisches hinausging (nochmal Abb. 7a), und anschließendem Menden treibt die Fliege in das Gesichtsfeld des vorher ausgemachten oder vermuteten Fisches ein (Abb. 7b). Bei deutlich sichtbarer Oberflächenaktivität hat sich der Fischer für das bis zur Fliege gefettete Vorfach entschieden. Dies bewirkt, daß die Fliege unmittelbar im Oberflächenbereich gehalten wird. In den allermeisten Fällen nimmt der Fisch jetzt die Fliege, und zwar genauso deutlich wie eine Trockene. Ihren Weg kann der Angler, geübten Auges, anhand des auf dem Wasser treibenden Vorfachs verfolgen. Der Anbiß kommt nicht unvorbereitet.

Anders bei kabbeliger Wasserfläche, in der das Vorfach keinen Anhaltspunkt bietet. Jetzt heißt es, sich nach der Schnurspitze zu richten. Selbst wenn diese in eventuellen Turbulenzen oder blendenden Lichtreflexen untergeht, weiß ein erfahrener Naßfischer, wo ungefähr seine Fliege treiben könnte. Irgendein Schwall oder Strudel im Umkreis dieser vermuteten Bahn verrät plötzlich Position und Zugriff. Die Rute schnellt nach oben, der Fisch hängt.

Doch was tun, wenn nichts geschah? Keine Reaktion seitens der Fische. Nun, dann dasselbe nochmals! Denn nicht immer wird die Fliege gesehen. Nicht selten bleibt sie wegen eines näheren, größeren oder vertrauteren Happens unbeachtet. Also keine Resignation, sondern Wiederholung des Versuchs. Stellt sich trotz aller Bemühungen noch immer kein Erfolg ein, muß der Fliege zu etwas mehr Eigenbewegung verholfen werden. Das geschieht durch gefühlvolles Anstoppen der Leine, wodurch sich die Hecheln intensiver zu schließen und zu öffnen beginnen. Bei den gedubbten Mustern verstärken die weichflusigen Fliegenkörper durch intervallartige Pumpbewegungen zusätzlich den Effekt. Die Fliege beginnt plötzlich mit jeder Faser zu atmen und zu leben. Nur selten vermag ein hungriger Fisch einer derartigen Versuchung zu widerstehen. Eines jedoch darf der angehende Naßfischer nicht vergessen: Der Schlüssel zum Erfolg liegt in erster Linie in der korrekten Fliegenführung. Von ihr nicht zu trennen ist die Wahl der richtigen Fliege. Auch hier bedarf es, wie bei jeder Tätigkeit, erst einer Zeit der Reife und Erfahrung. Wer sich nicht mit Allerweltsmustern zufriedengeben möchte, sollte bei der Fliegenwahl schon einiges über den Nahrungszyklus unserer Fische wissen. Solche entomologischen (insektenkundlichen) Kenntnisse sind bei Fangversuchen im vielfältiger belebten Oberflächenbereich des Wassers besonders nützlich. Später, beim Befischen tieferer Regionen, wird die Wahl leichter. Für die viel sensiblere Schwimmschnurfischerei in den oberen Regionen steht gegen Schluß dieses Buches eine reichhaltige Auswahl aller nur möglichen wasser- wie landgebundenen Insekten- und Kleintier-Imitationen bereit, mit welcher der Angler jeder nur erdenklichen Situation gerecht werden wird. Wer außerdem in der Lage ist, die nach einer Magenöffnung zutage gebrachte Fischkost zu bestimmen, der wird ein leichteres Spiel haben, selbst wenn er improvisieren muß. Denn eine wassergebundene Larve verhält sich ja anders als eine verunglückte Biene. Für Newcomer oder weniger Erfahrene soll die folgende Allroundfliegentabelle erste Informationen zur Fliegenwahl geben. Die dort aufgeführten Muster decken fürs erste alle Erfordernisse des gesamten Oberflächenbereichs ab.

Doch kehren wir zur Naßfliege zurück, mit der bislang nur im Oberflächenfilm oder ein paar Fingerbreit darunter gefischt wurde. Bei ausgesprochener Nahrungsaktivität der Salmoniden müßte der Angler also seine Fische gefangen haben. Ist dies nicht der Fall, sollte er sich einmal über die Ursachen Gedanken machen: Er könnte z. B. die falsche Fliege am Vorfach gehabt haben.

Tabelle 1

Fliegentabelle von Allroundmustern

Nähere Beschreibungen gemäß Fliegen-Index Seite 165

Frühling	Sommer	Herbst	Winter
Märzbraune —			
Hasenohrfliege —			
Waterhen Bloa —			
Greewell's Glory —			
Februarrote —	Snipe and Purple —		
Flohkrebsfliege —			
Erlfliege (Alder) —	Blue Winged Olive —		
Köcherfliegenlarve —	Köcherfliegenpuppe	Köcherfliegenlarve und -puppe	Köcherfliegenlarve —
Red Ant (Rote Ameise) —			
Black Ant (Schwarze Ameise) —			
Black Gnat (Schwarze Mücke) —			
Mückenpuppe —			
	Köcherfliege (Sedge) —		Winterbraune —
	Herbst Dun —		
	Palmer —		
	Kuhmistfliege —		
Biene —			
Eric's Beetle —			
Coch-y-Bondhu —			
Black und Peacock Spider —			
Wickham's Fancy —			

Aber auch heller Sonnenschein und sehr klares (Niedrig-)Wasser dürften die Aussichten schmälern. Der Wechsel zu einer hauchdünnen, superlangen Vorfachspitze – bis zu drei Metern – könnte gegebenenfalls die Wende bringen. Der Rückgriff auf kleinere Fliegenmuster kann ebenfalls aus der Flaute helfen. Jedoch, wenn die Fische nicht wollen, dann wollen sie halt nicht. Solche Stunden erlebt man auch mit der Naßfliege. Aber wo blieben denn der Reiz und der Zauber des Fliegenfischens, wenn es anders wäre? Jeder Wurf, jede Fliege ein Fisch, das wäre die Hölle . . . Liegt die Wasseroberfläche – wir sind noch immer beim Querabfischen – vollkommen ruhig vor den Augen, sollte trotzdem auf irgendwelche Zeichen geachtet werden, die vielleicht Kunde von etwas tiefer schmausenden Äschen und Forellen geben könnten. Denn meistens ist es die Zeit der aufwärts strebenden Nymphen und Larven, die, bevor sie den Wasserfilm durchdringen, von den Fischen abgefangen werden. Der erfahrene Fischer erkennt dieses Gebaren am Aufbuckeln oder -beulen des Wassers. Manchmal sind es auch nur versteckte Strudel, die an Stellen entstehen, wo sie nicht hinpassen, oder die aufblitzenden Fischleiber mit ihren sich über der Beute öffnenden und schließenden Mäulern. Genug der Erkennungsmerkmale also, die keinem geübten Auge entgehen werden.

In solchen Stunden der indirekten Oberflächenaktivitäten sollte der Naßfischer sein Vorfach auf eine bestimmte Länge entfetten. Hierbei hilft schnell ein grünsaftiges Blatt aus der Ufervegetation. Denn jetzt ist es Zeit, die Fliege in jenen Bereich hinabsinken zu lassen, in dem die Fische nach Nahrung jagen. Damit die Absinkphase der Fliege unverzüglich einsetzen kann, wird die Rutenspitze beim letzten Vorschwung kurz abgestoppt, so daß die Fliege mit einem Flop die Wasserhaut durchschlägt. Damit der Fisch die Fliege in ‚Freßhöhe' zu Gesicht bekommt, muß auf eine ausreichende Vorlage geachtet werden, wobei die Strömungsgeschwindigkeit einzukalkulieren ist. Je schneller das Wasser, desto größer sollte der Abstand zwischen Einschlagpunkt der Fliege und Fisch sein.

Solcherart zu fischen, das verlangt vom Angler, will er nicht weit unter dem Durchschnitt liegen, den bereits zitierten 6. Sinn oder, einfacher ausgedrückt, allerhöchste Konzentration und ein gestrichen Maß an Erfahrung. Denn man stelle sich vor: Da treibt die Naßfliege völlig unsichtbar etwa 30 bis 50 cm unter der Oberfläche dahin. Die Leine wird ja so locker geführt, daß man zur Fliege, schnappt der Fisch nicht allzu gierig zu, kaum eine Reaktion mittels Handkontakt erfühlt. Vielmehr erahnt, erwittert oder ‚erstiert' sich der Naßfischer manchmal die Bisse. So wird er zunächst bemüht sein, den oftmals einzigen Anhaltspunkt, die Spitze der Schwimmschnur, nicht aus dem Auge zu verlieren, denn das Vorfach bleibt die schwächere Orientierungshilfe.

Angespannt, der Ereignisse harrend, verfolgt das menschliche Augenpaar also die fiktive Spur der Fliege. Irgendwo und irgendwann während dieser relativ kurzen Reise schwebt dann vielleicht eine interessierte Äsche, vom Grunde immer näher kommend, fast steil auf die Fliege zu. Oder eine Forelle schießt gierig aus dem Nichts heran. Ist die Oberfläche nicht zu rauh, das Wasser nicht zu dunkel und der Lichteinfall nicht zu störend, bekommt unser Mann den Kunden meist früh genug ins Blickfeld, und der Haken faßt den Fisch im Abdrehen, im

Wegtauchen. Anders aber bei reflektierendem oder undurchsichtigem Wasser. Dann bleibt vielleicht nur der vom Abtauchen des Fisches erzeugte Wirbel an der Wasseroberfläche, oder ein sekundenbruchteil-kurzer Ruck an Leine und Vorfachrest. Im günstigsten Falle aber reihen sich alle zuvor geschilderten Zeichen zu einer Kurzinformation zusammen, und der Anhieb fällt. Alle jene Komponenten jedoch können auch als einzelne, zaghafte Mitteilung in Erscheinung treten. Jene verstohlenen Winke hat der Angler dann von den übrigen, sinnebindenden Unsichtbarkeiten oder gar Einbildungen klar zu trennen.

Verstärkt sich beim Angler, Fachleute nicht ausgeschlossen, der Verdacht, zu viele Bisse nicht schnell genug zu erkennen, bedient er sich des zuvor erwähnten Bißanzeigers. Beeinflußt ein solcher auch nicht selten ein wenig die ungehinderte Abdrift der Fliege, besonders jene aus Kork und Styropor tun sich da unliebsam hervor, so überwiegen doch die Vorteile, die er bietet. Den leisesten Biß zeigt er an. Ein feiner Zug, ein kurzes Stehenbleiben oder gar ein kraftvolles Wegtauchen sind wertvolle Sichthilfen. Die Kork- und Styroporanzeiger eignen sich wegen ihrer besseren Tragfähigkeit besonders für die Verwendung beschwerter, tieftauchender Naßfliegen, die in Grundnähe gefischt werden sollen. Die Tiefe reguliert der Angler mit dem Abstand des Anzeigers zur Fliege. Die ungehinderte Abdrift der Leine muß aber auch hierbei gewährleistet werden. Höchstens mal ein kleiner Stopp der Leine ist erlaubt, der die tiefversunkene Fliege eine plötzliche, unerwartete Flucht machen läßt. Mehr sollte nicht riskiert werden. Denn eine stärkere Variante, der sogenannte Leisenring-Lift,

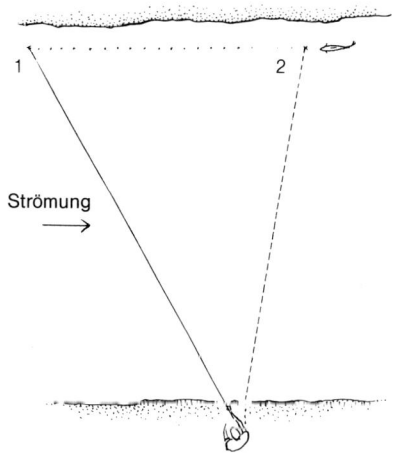

Abb. 9. Der Leisenring-Lift querab zum Fisch. 1: Einfallpunkt der Fliege; 2: Stelle, an der die Fliege durch Anheben der Rute nach oben schweben muß

würde den Bißanzeiger an der Wasseroberfläche nur allzu auffällig furchen lassen und zu viel warnende Unruhe ins Spiel bringen.

Den eigentlichen Leisenring-Lift führt der Fischer mit barem Vorfach aus. Bei diesem Vorgang handelt es sich um ein nicht zu hastiges

37

Aufsteigenlassen einer ebenfalls beschwerten Naßfliege aus größeren Tiefen. Er läßt sich aber auch, bei einiger Übung, in flacheren und schnelleren Partien praktizieren. Die Vorfachspitze sollte immer etwas länger sein, bis zu 3 Metern und mehr. Daß sie völlig frei von irgendwelchen Schwimmpräparaten gehalten werden muß, versteht sich von selbst. Mit Hilfe der schon so oft erwähnten weiten Vorlage, anschließendes Menden hilft zusätzlich, wird die Fliege auf Tiefe gebracht. Dann, so daß der Fisch es sieht, wird durch Anheben der Rutenspitze eine nach oben schwebende Larve imitiert (Abb. 9, Leisenring-Lift querab). Ich wüßte keinen besseren Unterwassertrick, der, richtig angewendet, selbst den verstocktesten Einsiedler an den Haken brächte.

Abschließend zur Querabstrategie noch ein paar Bemerkungen, die für den anschließend noch zu behandelnden Stromabwurf von gleicher Bedeutung sind. Ist die Partie ausgefischt, und bereitet sich der Angler zu einem neuen Wurf vor, dann bieten sich dazu zwei Möglichkeiten: 1. Er nimmt, was am rationellsten und stilvollsten ist, die Leine sofort wieder zu einem neuen Wurf auf und läßt sie, mit der entsprechenden Anzahl von Vor- und Rückschwüngen, auf ihr neues Ziel zuschießen. Die andere Variante ist das etwas spektakuläre Heranzupfen der Fliege, wobei gleichzeitig die abgetriebene Leine zurückgeholt wird. Hierbei spekuliert man auf den atavistischen Jagdinstinkt des Fisches, ausgelöst durch ein sich bewegendes oder fliehendes Objekt. Doch nicht immer haken sich die Interessenten. Der Angler spürt wohl einen kurzen Ruck. Der Haken zischt jedoch ins Leere. Wenn die Fische sich dermaßen vorsichtig geben, sollte der Angler Fangversuche solcher Art schnell wieder aufgeben. Das Mißtrauen der Fische würde sich nur noch vertiefen. Für den Puristen, der die Naßfliege ‚klassisch‘ fischt, ist jene Methode ohnehin indiskutabel. Ein Heranziehen und Heranrucken der Fliege in Fließgewässern kommt für ihn nicht in Frage.

Das Stromabfischen

In Veröffentlichungen über das Stromabfischen stößt der Interessent meist auf den Hinweis, daß diese Methode wohl die beste sei, dem Fisch die Fliege so unverdächtig wie möglich zu präsentieren. Es bestehe jedoch die Gefahr, die Fliege beim Anhieb wieder aus dem Maul zu reißen. Nun, beim Trockenfischen und sehr ‚kurz‘ beißenden Fischen ist das schon einmal der Fall. Ebenso beim Naßfischen, bei straff gehaltener Leine, weil der Fisch, spürt er Widerstand, den Köder sofort wieder fahren läßt. Aber in der gehobenen klassischen Naßfliegenfischerei ist die

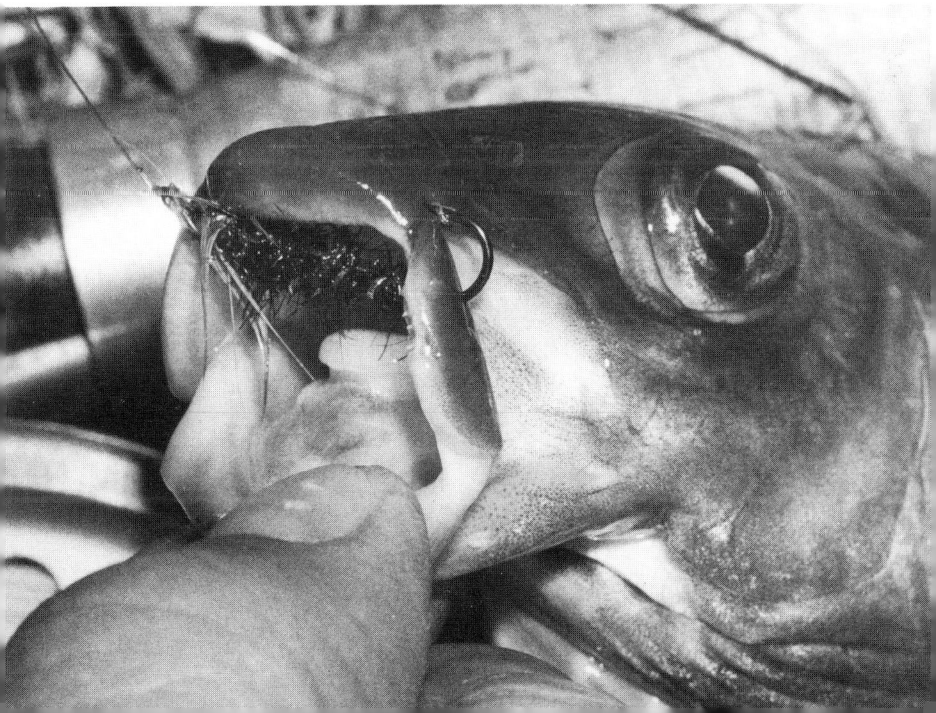

Tafel 4. Oben: Eine gründunkle Grundäsche nahm die Jumbofliege. – Unten: Das Märchen vom kleinen Äschenmaul: Es geht allerhand hinein

an stramm gehaltener Schwimmschnur gefischte Fliege unbekannt. Der Fisch bekommt nur eine locker geführte, fast frei schwimmende Fliege zu Gesicht. Der warnende Widerstand, immer durch gespannte Leinen hervorgerufen, ist außer Kraft gesetzt. Außerdem verweilt der nahrungsaktive Fisch ja nicht auf ein und derselben Stelle, wo er nur das Maul auf- und zuklappt und somit eine herantreibende Naßfliege immer an ihrem schwächsten Punkt, nämlich am Hinterleib erwischen würde. Nein, er bricht nach links oder rechts aus, ja, er wirft sich oft genug herum, um einem besonders begehrenswerten Bissen nachzusetzen. Ebenso schießt er schon einmal hinab oder eilt zur Oberfläche empor, um eine aufsteigende Nymphe abzufangen. Also faßt er auch eine stromabgefischte Fliege nicht nur von hinten. Der Fliegenfischer sollte sich zwischendurch ruhig einmal die Muße nehmen und einen nahrungsaktiven Fisch, Forelle oder Äsche, bei der Futteraufnahme beobachten. Unter Garantie erfährt er in ein paar Minuten Studium vor Ort weit mehr als aus einem Dutzend gutgemeinter Ratschläge.

Die einzige Gefahr, die beim Stromabfischen besteht, ist die des Gesehenwerdens. Aber die besteht ja auch beim Querabfischen, und muß halt, da wie dort, manchmal in Kauf genommen werden. Weniger gesehen wird der Angler eigentlich nur beim Stromauffischen, wenn er genau unterhalb des gegen die Strömung wedelnden Fisches steht. Aber schon bei unsichtbaren Kehrwassern werden diese Werte auf den Kopf gestellt. Sogar der stromaufstehende Fisch wird den Angler zu Gesicht bekommen, wenn er sich einem seitlich vorübertrudelnden Happen zuwendet. Zwar sollte man, wie wir es in ‚Das Fischen mit der Trockenfliege‘ beschrieben haben, darauf bedacht sein, sich möglichst unauffällig dem Fisch zu nähern. Ansonsten ist aber noch nicht bewiesen, daß der Fisch Angler und Fliege in einen direkten Zusammenhang zu bringen vermag. Schon eine etwas aufgerauhte Wasseroberfläche verwischt das Fenster nach draußen, zur ‚trockenen‘ Welt. Und abgesehen davon, daß das Fischen mit der Naßfliege ganz anderen optischen Gesetzen unterliegt als z. B. die Aktionen mit der Trockenfliege, darf davon ausgegangen werden, daß ein Fisch, der beim Stromabfischen unterhalb vom Angler munter weiter steigt, auch der angebotenen Naßfliege nicht mehr Mißtrauen entgegenbringt.

Die besondere Stärke des Stromabfischens ist die Tatsache, daß der Fisch meistens, ich betone meistens, aber nicht immer die Fliege als erstes zu Gesicht bekommt. Ist seine Aufmerksamkeit erst einmal auf dieses Objekt fixiert, und hat er zudem Hunger, dann ist er kaum noch abzulenken, weder von dem nachfolgend auftauchenden Vorfach noch von der im Hintergrund vielleicht aufschimmernden Leine. Vor allem bei grellem Sonnenschein, kristallklarem Wasser und einer nur mäßig verzerrten Oberfläche ist das Stromabfischen mit der Naßfliege oftmals die einzige Chance, zu seinem Fisch zu kommen. Nur darf man jetzt das Risiko einer langen, hauchdünnen Vorfachspitze (0,12 mm bis 0,10 mm) nicht scheuen. Reißt dann trotz äußerst gefühlvollen Anschlags die eine oder andere Fliege ab, so liegt das, wie vorher beschrieben, meist an dem hektischen Zugriff und Abdrehen des Fisches bei der Futteraufnahme.

Auch beim Stromabfischen darf ja die Fliege nicht unter Zug gefischt werden. Leine und Vorfach sollen ungespannt und möglichst locker abtreiben. Wie dies leicht bewerkstelligt wird, zeigt Abb. 10. Durch das

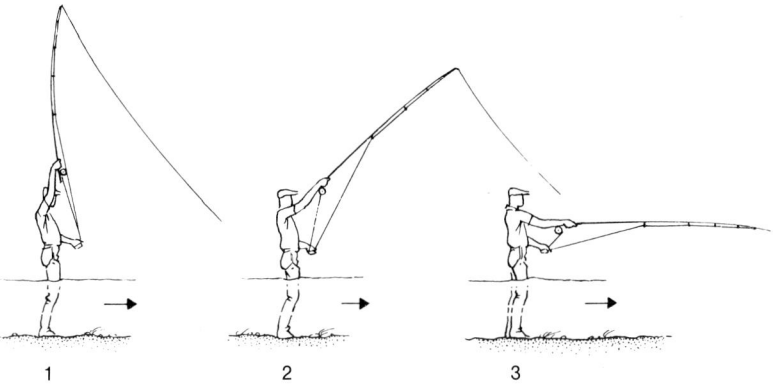

Abb. 10. Stromabfischen. 1: Grundstellung, nachdem die Leine ins Wasser gebracht worden ist; 2: Mit der Strömungsgeschwindigkeit senkt sich die Rutenspitze; 3: Abschluß dieser Variante und möglicher Übergang zum weiteren Abtreibenlassen der Fliege

der Strömungsgeschwindigkeit angepaßte Herabsenken der steilaufgerichteten Rutenspitze kann die Fliege ungehindert stromabtreiben, genau auf ihr Ziel zu. Bei einer 2,70 m langen Naßfliegenrute beträgt die Schnurreserve, die jetzt für die Abdrift zur Verfügung steht, etwa 3 m. Notfalls können aber noch zusätzliche Längen von der Rolle gezogen werden, die durch Heben und Senken der Rutenspitze nachgleiten. Auf diese Weise werden enorme Entfernungen überbrückt. Diese Art Fliegenführung läßt sich aber auch zur Seite verlegen (Abb. 11) und bietet somit eine weitere interessante Variante, unterhalb oder schräg stromab vom Angler stehenden Fischen beizukommen.

Auch beim Stromabfischen angelt man auf steigende oder vermutete

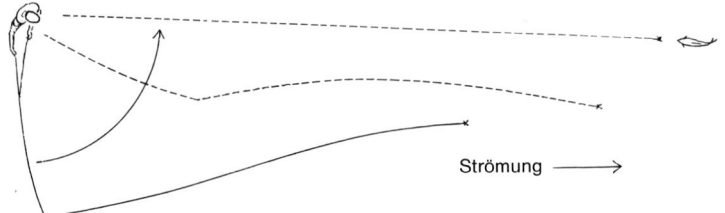

Abb. 11. Durch Herumschwenken der Rutenspitze in Strömungsrichtung kann die Fliege ungehindert abtreiben

Fische oder sucht, wenn sich überhaupt keine Anhaltspunkte bieten, fangversprechende Plätze mit all den zur Verfügung stehenden technischen Fangmöglichkeiten ab. Daß das Fischen auf geortete Salmoniden aber das schönste darstellt, braucht wohl nicht mehr besonders betont zu werden. Dazu gehört in erster Linie der oberste Gewässerbereich, in dem ein gut gefettetes Vorfach die Fliege im Wasserfilm oder unmittelbar darunter hält. Der Biß auf das imitierte Insekt kommt hierbei genauso augenfällig wie bei einer Trockenen.

Wird, weil oben nichts los ist, eine Etage tiefer gefischt, geht das selbstverständlich ebenfalls mit einer teilweise entfetteten Vorfachspitze vor sich. Auch hierbei richtet sich der Angler wieder nach den schon zuvor beschriebenen Verdachtsmomenten, wie aufbuckelndes Wasser, verstohlene Strudel oder den zubeißenden Fisch selbst. Nicht selten wird der Routinier auf bloßen Verdacht hin anschlagen und es sich später selber nicht erklären können, welches der auslösende Faktor war und warum der Fisch nun hängt. Leute, die diese Kunst beherrschen, bestätigen das.

Bei dieser Fischerei mit einer 30 bis 50 cm tief versunkenen Naßfliege sollte es jeder ruhig einmal versuchen, ihr ein wenig zusätzliches Leben einzuhauchen, denn für dieses effektvolle Spiel ist die Stromabfischerei geradezu prädestiniert. Vorsicht aber, und nicht zuviel des Guten getan. Leine und Vorfach dürfen dabei nicht gespannt, sondern nur leicht angestoppt werden. Der Fisch soll ja eine möglichst locker geführte Fliege ins Maul nehmen. Denn sobald er nur einen verdächtigen Zug oder Widerstand spürt, speit er das Betrugsgebilde unverzüglich wieder aus. Aber bitte beachten: Die meisten Bisse kommen just dann, wenn der Angler den Stopp der Leine aufhebt und sich die Hecheln im Wasser wieder aufstellen. Dieser Effekt muß auf den Fisch einen unwiderstehlichen Reiz ausüben.

Etwas mehr darf bei dem sogenannten ‚Mini-Leisenring-Lift' riskiert werden. Die Naßfliege ist auf etwa 50 cm Tiefe abgesunken und soll nun, vor einer ziemlich brisanten, fangverdächtigen Stelle, gleich einer zum Lichte strebenden Larve, zum Aufsteigen gebracht werden. Hierzu muß die Leine stärker abgestoppt oder die Rute etwas hochgenommen werden. Die Handgriffe müssen so dosiert sein, daß die Fliege, der Strömungsgeschwindigkeit angepaßt, nicht zu hastig und damit zu unnatürlich nach oben eilt. Der Fisch greift bei diesem Vorgang die Fliege fast immer mit solchem Ungestüm an, daß sie gut im Rachen sitzt. Oftmals kommt der Zugriff just in jenem Augenblick, wenn die Fliege die Wasseroberfläche durchbricht. Ihr plötzliches Dreggen, Furchen des Vorfachs und Wellenschlagen der Leine, für all diese Warnzeichen ist unser Interessent jetzt völlig blind. Er sieht nur den begehrenswerten Bissen, der in die Luft zu entschwinden droht, und stürzt ihm mit solch einer Besessenheit nach, daß er samt Köder weit aus dem Wasser herausschießt. Wer dieses Schauspiel, es ist gar nicht so selten, in eigener Regie erlebt, wird von der Daseinsberechtigung der Naßfliege restlos überzeugt sein.

Mit speziell beschwerten Naßfliegen, wie sie in einem späteren Kapitel dieses Buches zu finden sind, wird der normale Leisenring-Lift ausgeführt. Stromab ist er noch einfacher und nicht selten noch erfolgreicher. Wie das geschieht, zeigt Abb. 12. Um die Fliege auf genügend

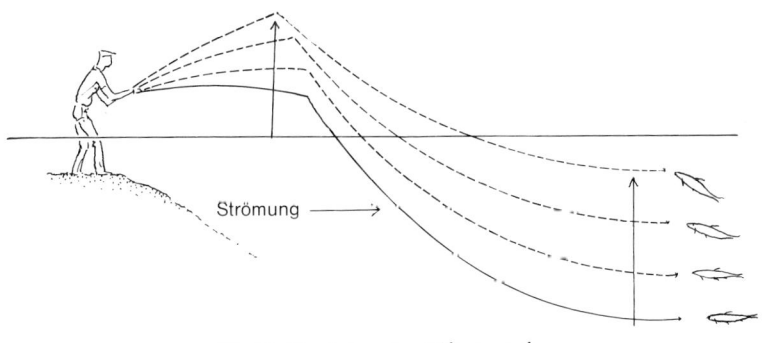

Abb. 12. Der Leisenring-Lift stromab

Tiefe zu bringen, bedient sich der Angler auch hierbei des zurückgestoppten Wurfes, seitlich oder überkopf.

Mit den bekannten Tricks lassen sich notfalls noch weitere Längen aufs Wasser bringen, bis die Fliege ihre Position erreicht hat, von der aus sie zum Aufsteigen gebracht wird. Daß bei größeren Tiefen mit längeren Vorfächern gefischt werden muß, versteht sich von selbst. Der Deutsch-

Amerikaner James E. Leisenring, der diesen Lift kreierte, übte ihn meistens mit Naßfliegen oder sogenannten Flymph's aus, einem Mittelding zwischen Fliege und Nymphe, das besonders durch seine raffiniert gedubbten Körper hervorstach. Ähnliche Merkmale weisen meine am Ende dieses Buches vorgestellten ‚Jumbos' auf.

Das Stromauffischen

Das Stromauffischen hat vieles für und wider sich. Einmal hat es den Vorteil, sich den Fischen von hinten etwas unproblematischer nähern zu können, zum anderen aber wieder besteht die Gefahr, daß der Fisch von Leine und Vorfach, die sich hierbei nun mal nicht ganz verbergen lassen, gewarnt wird. Hier geht es nicht ohne Kompromisse ab. Einer davon heißt schräg stromauffischen. Doch davon später. An sich ist der Geradeauswurf gegen die Strömung, wenn es sich um hoch stehende Fische handelt, immer spektakulär. Denn selbst die feinste, wohldosiert abgelegte Vorfachspitze bleibt ihnen bei glatter Wasseroberfläche nicht verborgen. Darum muß man in ruhigeren Zügen das Wasser ganz genau studieren und wohl überlegen, wohin zu werfen ist.

Den Leichtsinn, auf gut Glück das Wasser direkt stromauf abzusuchen, darf sich der Angler nur an schnelleren ‚Zugreifstrecken' erlauben, weil hier die Forelle und auch der Saibling mindestens ein bis zwei Handbreit unter der stark bewegten Oberfläche wedeln und bei Einfall von Vorfach und Leine nicht so empfindlich reagieren. Äschen, die in flacheren, gemäßigteren Partien unten am Grund stehen, lassen sich da schon eher voll überwerfen. Sie, die ausgeglicheneren Gemüts sind, werden die hoch über ihnen zurücktreibende Leine ebenso wie das nachfolgende Vorfach, das sich zur Spitze hin verdünnend auflöst, ‚aushalten', dann aber interessiert nach der jetzt ins Blickfeld treibenden, hechelspielenden Naßfliege aufgehen. Oder sie lassen es auch bleiben.

Doch das macht nichts. Wiederholungen dürfen stattfinden. Bei Äschen allemal. Die Äsche ist ein Fisch, dem mit einer Serie von Würfen ein plötzlich einsetzender Insektenschlupf vorgetäuscht werden kann. Der Fliegenfischer muß hier differenzieren können: Was bei einer grundtief lauernden Äsche machbar ist, ist bei einer hochstehenden Forelle unmöglich. Wer letzterer Vorfach und Leine gleich einer Peitschenschnur über den Rücken zieht, kann sich den Fisch samt seiner im Umfeld stehenden Genossen aus dem Kopf schlagen. Es heißt also beim Stromauffischen genau überlegen, ob der Fisch von hinten gegen die Strömung überworfen oder versucht wird, eine seitliche Position einzu-

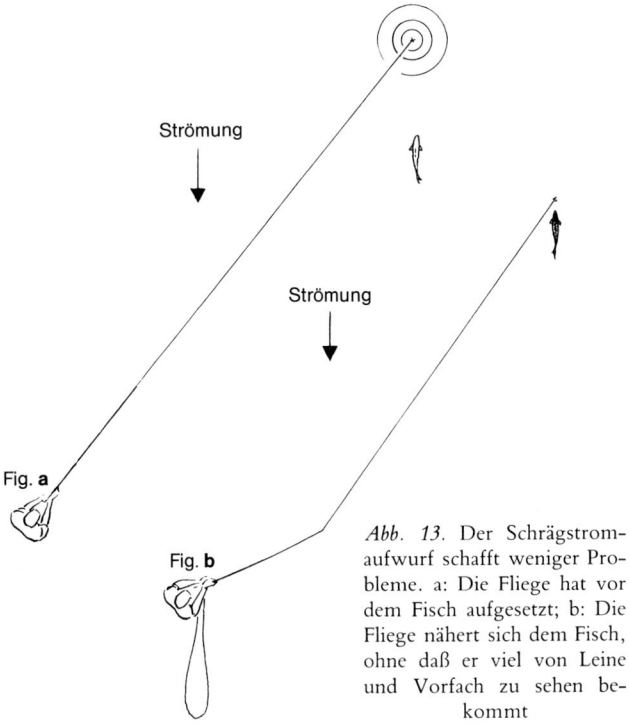

Strömung

Strömung

Fig. a

Fig. b

Abb. 13. Der Schrägstromaufwurf schafft weniger Probleme. a: Die Fliege hat vor
dem Fisch aufgesetzt; b: Die
Fliege nähert sich dem Fisch,
ohne daß er viel von Leine
und Vorfach zu sehen be-
kommt

nehmen und ihm schräg stromauf die Fliege vorzusetzen, wobei er kaum etwas von der Leine und nur wenig vom Vorfach erspäht (Abb. 13).

In sehr schnellen Bächen oder rasanten Flußstrecken sieht die Sache ganz anders aus. Hier ist der direkte Stromaufwurf, allerdings auf kurze Distanz, geradezu prädestiniert, um zu überdurchschnittlichen Erfolgen zu kommen. Weder Querab- noch Stromabfischen bringen jetzt nur annähernd mehr, weil an solchen Partien nur der Stromaufwurf eine sichere Kontrolle über Fliege und Bisse erlaubt. Bei dieser Technik wird die Naßfliege an einem relativ kurzen Vorfach von etwa 1,50 m Länge gefischt. Die Länge der schwimmenden Leine darf höchstens das Doppelte der Rutenlänge ausmachen, denn grob genommen handelt es sich hierbei um ein scharfes Abpeitschen des Wassers. Die Fliege wird mit weit vorgestrecktem Arm in das anrauschende Wasser geworfen. Die Schnurhand ist ebenfalls in Wurfrichtung gestreckt (Abb. 14). Alles geht sehr schnell, nein, muß sehr schnell gehen. Die anbrausende Strömung erzwingt das Tempo.

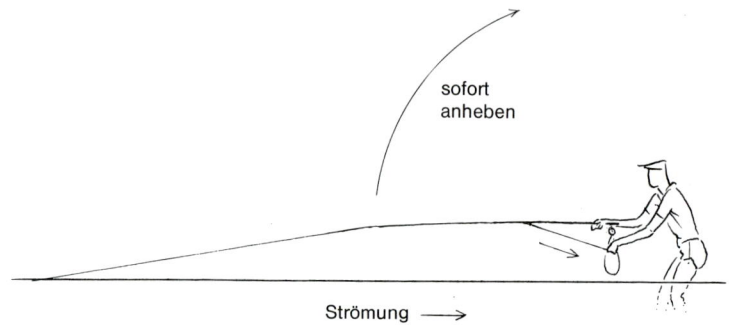

sofort
anheben

Strömung ⟶

Abb. 14. Ausgangsposition beim Stromauffischen bei Einfall der Fliege

Sobald die Fliege das Wasser berührt hat, wird die Rutenspitze hochgenommen, während die Schnurhand die Leine nach unten zum Oberschenkel zieht (nochmal Abb. 14). Hierdurch wird erreicht, daß Leine und Vorfach trotz der rasanten Gegenströmung gespannt bleiben und der unmittelbare Kontakt zur Fliege nicht verlorengeht. Das Zurückholen der Fliege muß in einer Geschwindigkeit erfolgen, die noch etwas schneller als das Strömungstempo ist. Das verlangt vom Fischer, daß er die Fliege durch das Wasser manchmal regelrecht auf sich zurückreißt. Ist die relativ kurze Strecke ausgefischt, läßt er die Leine seitlich locker an sich vorbeitreiben und nimmt sie mit einem Rollwurf wieder auf (Abb. 15a und b). Was also beim Querab- und Stromabfischen nicht empfehlenswert ist, nämlich die Naßfliege unter starker Schnurspannung zu fischen, ist beim direkten Stromauffischen unter schneller Gegenströmung unabdingbar, denn wie sollte der Fischer sonst einen Biß erspüren? Auf Sicht zu fischen ist ja meist unmöglich. Zudem flieht ja die künstliche Fliege stromab, was natürlicher ist, als wenn sie die umgekehrte Richtung einschlüge. Der Fliegenfischer muß also danach trachten, daß er die Fliege immer ein bißchen schneller zurückholt, als die Strömungsgeschwindigkeit ausmacht. Dieses Tempo läßt sich unter Umständen bedenkenlos steigern, indem der Angler die Schnur und damit die Naßfliege zu sich zurückreißt. Auf solche Art mit der Strömung zu fischen, ist immer für erfreuliche Überraschungen gut, und selbst der Experte ist erstaunt, welche Uriane von Äschen und Forellen in derart reißenden Abschnitten beheimatet sind. Solche Bekanntschaften sind nur mit der Naßfliege möglich. Allerdings muß auch eingestanden werden, daß bei solch hastiger und nicht leicht kontrollierbarer Fischerei die Fehlbißquote oft ziemlich hoch ist, weil ein Fisch, welcher

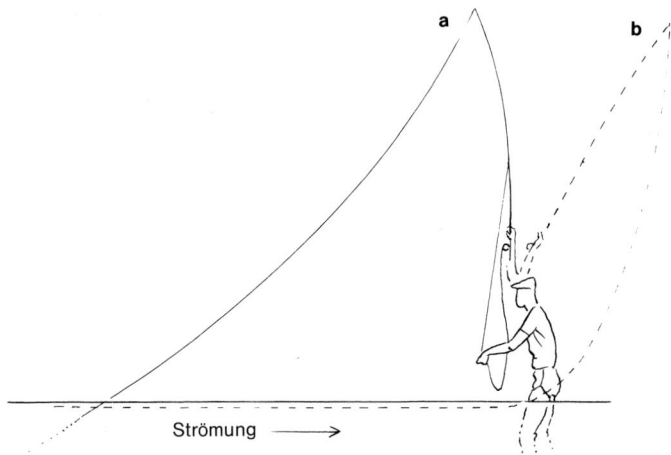

Abb. 15. Stromauffischen mittels Rollwurf. a: Abschlußposition; die Fliege ist ausgefischt; b: Die Leine ist seitlich vorbeigetrieben und kann jetzt zu einem neuen Wurf, einem Rollwurf, wieder aufgenommen werden

der stromabschießenden Fliege nachsetzt, diese nicht immer erwischt. Solange er aber den Haken noch nicht gespürt hat, kann der Versuch schon nach ein, zwei Minuten wiederholt werden. Diese kleine Pause muß sein, denn unser Freund soll sich etwas verschnaufen dürfen. Er liegt ja meistens dicht auf den Grund gedrückt, und die erfolglose Anstrengung, hinauf in den Oberflächenbereich zu stoßen, hat ihn ein bißchen irritiert.

Resultate mit dieser in Fischerkreisen wenig bekannten ‚schottischen Methode' wird der Angler aber nur dann erlangen, wenn er die Fliege immer etwas schneller auf sich zurückzieht, als die Strömungsgeschwindigkeit ausmacht. Der Leser wird überrascht sein, welche Leviathane sich manchmal in schnellen, scheinbar unbelebten Strecken verborgen halten. Die stromabwärts flüchtende Fliege bringt sie an die Oberfläche. Nicht selten schießen sie manchmal sichtbar eine beträchtliche Strecke hinter der Nassen drein, und ein leichtes Verzögern des Fliegentempos mit plötzlich, auf gut Glück erfolgendem Anhieb, zwingen dem Fischer jählings einen Kampf auf, bei dem es auf Biegen und Brechen geht. Darum auf alle Fälle ein nicht zu schwaches Vorfach nehmen! Eine 0,20er Spitze ist die Grenze nach unten. Und bitte nicht versuchen, den Fisch, sei es Äsche oder Forelle, in der Strömung zu halten. Den Fisch samt Backing ohne Nervosität flußabwärts in einen ruhigeren Abschnitt führen, sofern nur die Möglichkeit dazu vorhanden ist. Dennoch ist die

Verlustquote bei diesem rauhen Geschäft sehr hoch. Der Verfasser weiß ein Lied davon zu singen. Die Wahl der Fliege ist zweitrangig. Nur groß und schwer sollte sie sein. Ein ‚Jumbo‘, Größe 8 bis 10, wäre die goldene Mitte.

Selbstverständlich darf das ‚Zurückziehen‘ der Fliege auch an gemäßigteren Strecken versucht werden. Nur muß dort das Vorfach etwas länger und feiner, die Fliege nicht so schwer und wuchtig sein. Auch in ruhig dahinströmenden Äschenstrecken sorgt die plötzlich stromabfliehende Fliege für manch handfeste Überraschung. Jedoch der Trick ist hier bald ausgereizt. Wohl folgt noch der eine oder andere Fisch, vermutlich mehr aus Neugier denn aus Beißlust, der Spur der Fliege. Der beherzte Zugriff jedoch bleibt aus. Besinnen wir uns jetzt lieber auf die elegantere Schrägstromauf-Methode.

Am stilvollsten wird die Schrägstromauf-Methode auf sichtbar steigende Fische ausgeübt (Abb. 13). Allerdings sollte sich der Fliegenfischer, selbst wenn er sein Gerät virtuos beherrscht, dabei nicht allzu leichtsinnig in Sicherheit wiegen, denn Vorsicht ist geboten. Es ist nämlich nicht so, daß ihn der schräg stromauf stehende Fisch nicht sehen könnte. Er vermag seine Augen wie ein Chamäleon unabhängig voneinander in alle Richtungen zu drehen und verfügt über eine ausgezeichnete Rundumsicht. Nur bezweifle ich es, daß er während seiner Freßaktivitäten ohne besonderen Grund nach hinten blickt. Vielmehr wird er seine Aufmerksamkeit nach vorn richten, wo das Futter zu erwarten ist. Aber gerade dies ist auch in sogenannten Kehrwassern der Fall, die in Rückströmungen in Kolken oder hinter Hindernissen auftreten. Hier nämlich blickt der Fisch zwangsläufig in die entgegengesetzte Richtung, also zum Angler hin. Aufpassen muß man beim Schrägstromauffischen schon ein bißchen.

Die Bisse sind hierbei an den längst bekannten Zeichen und Augenmerken zu erkennen, wie sie bei den voran beschriebenen Präsentationstechniken erklärt wurden. So wie z. B. das deutlich sichtbare Nehmen der Naßfliege an der Wasseroberfläche, das Aufstrudeln des Wassers oder das Aufblitzen des Fischleibes. Ein weiteres sicheres Zeichen sind Leinenspitze und Vorfach, sofern präsent genug. Denn bei keiner anderen Richtung zeichnet sich ein plötzlicher Biß so vehement ab wie beim Stromauffischen. Da ruckt und zuckt es. Nicht zu vergessen sei der Bißanzeiger, der beim Stromaufwurf eine ganz vorzügliche Sichthilfe bietet. Besonders bei ziemlich tief gefischten Fliegen ist sein jähes Abtauchen ein todsicherer Wink, den Anhieb zu setzen. Abschließend muß ich noch erwähnen, daß der Schrägstromaufwurf eine sehr gute

Möglichkeit ist, hinter Hindernissen stehenden Fischen die Nasse zu servieren, wobei sich die Fliegenwahl auf große und kleine, beschwerte und unbeschwerte Muster erstrecken darf, je nach Anforderung und Lage der Dinge.

Wird nun gefragt, welche Methode unter den geschilderten Richtungswürfen die beste sei, fällt die Antwort nicht schwer: Alle sind gut, jede zu ihrer Zeit. Es kommt stets auf die Umstände an: In welcher Richtung von mir steigt ein begehrenswerter Fisch? Kann ich eine noch günstigere Wurfposition einnehmen, oder muß ich von meinem augenblicklichen Standplatz die Fliege werfen? Auch beim Naßfischen ist es immer höchstes Gebot, das gilt vor allem beim Gebrauch der Schwimmschnur, bei den Fischen möglichst wenig Verdacht zu erregen, sich also äußerst vorsichtig zu nähern und nicht allzu aufdringlich ins Blickfeld zu geraten. Deshalb sollte niemals vergessen werden, daß man in heiklen Fällen die Naßfliege über enorme Entfernungen stromab auf die Fische zutreiben lassen kann. So werden u. a. der verdachterregende Wurf und auch das Einfallen von Fliege, Leine und Vorfach ,verheimlicht'. Doch ein andermal wieder stürzt sich beim Querabwurf eine in Sichtweite stehende Große wie besessen auf die unmittelbar neben ihrer Flanke einplumpsende beschwerte Fliege. Und dann wieder bringt die stromauf geworfene und ziemlich schnell zurückgezogene Nasse den ersehnten Anbiß.

Darum ist im Grunde die Richtung, aus der die Naßfliege angeboten wird, zweitrangig. Das A und O meisterlichen Naßfliegenfischens ist und bleibt die gekonnte Führung der künstlichen Fliege mit all den großen und kleinen Tricks, die zur Verfügung stehen. Sei es mit der gerade abgehandelten Schwimmschnur oder, wie nachfolgend zu erfahren, mit den verschiedenen Sinkleinen.

Mehrere Fliegen am Vorfach

Es gibt viele Gründe, gleichzeitig mit zwei oder drei Fliegen am Vorfach zu fischen, und jeder sollte sich hüten, diese Methode als unsportlich abzutun. So wüßte ich z. B. kein besseres Verfahren, um die Fängigkeit verschiedener Fliegen gleichzeitig zu testen. Ferner gibt es sehr interessante Aufschlüsse, in welcher Tiefe einschlägig geformte, gefärbte oder beschwerte Muster von den Fischen bevorzugt angenommen werden. Wer gerne experimentiert, und welcher Fliegenfischer täte das nicht, wird hierbei ein fesselndes Betätigungsfeld finden. Und was wäre letztlich die Stillwasserfischerei ohne das Gespann von mehreren Naßfliegen? Kenner britischer und irischer Forellenseen werden das bestätigen. Wer hier auf dem Kontinent ähnliche Biotope vorfindet, der probiere es mal aus.

Doch bleiben wir zunächst noch an unseren Bächen und Flüssen und versuchen, ein paar falsche Vorstellungen auszuräumen. Was nämlich die meist unerfahrenen Kritiker veranlaßt, das Fischen mit mehreren Fliegen am Vorfach zu verteufeln, ist die Annahme, daß der Angler auf Massenfänge erpicht sei. Doch das ist grundfalsch. Eine Doublette und erst recht ein Hattrick von drei Fischen sind gar selten. Und wenn's dann plötzlich doch passiert, bekommt auch der ‚glückliche‘ Fänger angesichts der mehrfachen, verzweifelt zappelnden Beute ein schlechtes Gewissen. Dessen kann sich der Fischer souverän und schmerzlos entledigen, sofern er mit widerhakenlosen Fliegen fischt. Schnell sind da die Fische ausgeklinkt. Überhaupt sollte auch nur mit zwei Fliegen am Vorfach geangelt werden, zumindest im Fließwasser, wo sie genug Zerstreuung bieten.

Über die Befestigung mehrerer Fliegen am Vorfach bestehen nicht immer die rechten Kenntnisse. Es gibt da verschiedene Methoden, deren einfachste auch gleich die beste ist. Die Vorfachspitze wird dort, wo die zweite oder dritte Fliege (als sogenannter Springer) angebracht werden soll, kurzerhand durchschnitten und mit einem Bloodknoten wieder verbunden. Dabei bleibt ein (längeres) Schnurende stehen. Hieran wird der Springer geknotet (Abb. 16).

Der Abstand des Springers zur Hauptschnur, also zum Bloodknoten, sollte etwa 3 bis 7 cm betragen. Nur so wird ein durch das starke Abstehen der Fliege mögliches Verheddern mit dem Vorfach verhindert.

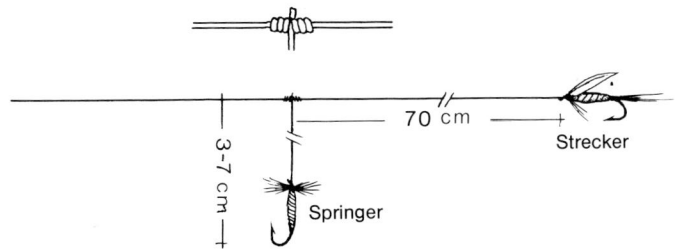

Abb. 16. Befestigung mehrerer Fliegen am Vorfach

Die Kürze jenes ‚Vorfachstummels' von 3 bis 7 cm beeinträchtigt das ‚Spiel' und die Fängigkeit des Springers nicht im geringsten. Der Abstand vom Strecker, das ist die erste Fliege an der Vorfachspitze, zum Springer soll etwa 70 cm betragen (nochmal Abb. 16). Der Abstand zwischen der zweiten und einer eventuellen dritten Fliege liegt bei etwa 80 cm. Das sind Richtlinien, wie sie die klassische Naßfliegenfischerei empfiehlt. Niemand jedoch ist verpflichtet, sich an derart starre Werte zu halten. Es sind lediglich Anhaltspunkte.

Experimente sind also gestattet. Und wenn sich an heiklen Tagen die Fische sehr spröde geben, fische ich selber manchmal gern mit zwei völlig voneinander verschiedenen Naßmustern. Für eine dritte Fliege am Vorfach kann ich mich nicht erwärmen. Bei der Fischerei im Oberflächenbereich muß das gesamte Vorfach ebenfalls gut gefettet werden. Mit mehreren Fliegen am Vorfach wird nicht anders gefischt als mit einer einzigen, wie es auf den vorhergehenden Seiten beschrieben wurde. Auch die Wahrnehmung der Bisse unterscheidet sich nicht weiter: Alle zuvor geschilderten Erkennungszeichen, die auf einen Anbiß schließen lassen, teilen sich in gewohnter Weise dem Angler mit. Bliebe nur noch darauf hinzuweisen, daß beim Fischen mit mehreren Fliegen eine Rute der Drei-Meter-Kategorie eine enorme Erleichterung bei der Präsentation und Führung des Naßfliegengespanns darstellt, ganz gleich, ob stromauf, querab oder stromab gefischt wird.

Ein wenig bekanntes, aber äußerst wirksames Verfahren stellt folgendes System dar: Einer gut beschwerten, also bleiunterlegten Naßfliege der Größe 8–12 und einer kleineren (Äschenfliege) der Größe 14–16 wird ein Strike Indicator (Bißanzeiger) zugeschaltet. Das ergibt eine Kombination, die unter Umständen die Großen an den Haken bringt. Denn wenn sich an heißen Sommertagen mit klarem Niedrigwasser Forellen und Äschen unter die schattenspendenden Krautfahnen des vielerorts allgegenwärtigen Wasserhahnenfußes verkrochen haben, dann schlägt

51

die Stunde des Naßfliegenfischers. Er watet oberhalb besagter Krautbeete ins Wasser und läßt die Fliegenkombination stromab, längs jener
vermuteten Unterschlupfe abtreiben. Auf eine entsprechende Vorgabe
muß aber geachtet werden, damit der beschwerte Strecker in Grundnähe
absinken kann. Denn er ist es, der die tief versteckten Forellen zum
Anbiß verlockt, während die kleinere, etwas höher schwimmende
Äschenfliege das Interesse der schönen Fahnenträgerin hervorruft.
Jedoch keine Regel ohne Ausnahme. Manchmal ist es gerade umgekehrt.
Übrigens läßt sich dieses System auch schrägstromab und querab
fischen. Für welchen der anfangs beschriebenen Bißanzeiger man sich
entscheidet, ist Geschmacksache. Ich fische gern mit einem Indikator,
der aus einem Stückchen Schwimmleine gefertigt ist (Abb. 2). Daß er
während der Abdrift vom schwereren Strecker etwas unter Wasser
gezogen wird, stört nicht besonders. Mit der Polaroidbrille läßt er sich
meist sehr gut verfolgen, und wenn er in die Tiefe zuckt, weiß der
Fischer, daß es eingeschlagen hat. Sein Vorteil liegt hauptsächlich darin,
nicht soviel Unruhe hervorzurufen wie z. B. ein auf der Oberfläche
tanzender Styropor-Indikator. Denn wer bei dieser Art von Fischerei ein
paar zusätzliche Tricks einlegt, etwa den sehr wirkungsvollen Leisen-
ringlift oder ein paar aufmunternde Zupfer an der Leine, die das Unter-
wasserspiel der beiden tieftreibenden Fliegen erhöhen, bei dem fügt sich
das ins Vorfach integrierte Leinenstückchen am unauffälligsten ein. Wie
die Fliegenkombination für etwa 1 m bis 1,50 m tiefes Wasser auszuse-
hen hat, zeigt Abb. 17. Die durchschnittliche Vorfachstärke beträgt
0,16 mm.

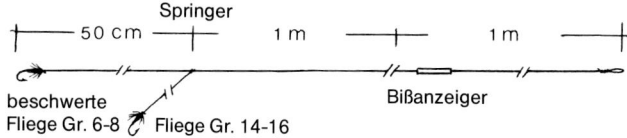

Abb. 17. Fliegenkombination mit Bißanzeiger bei 1 bis 1,50 m tiefem Wasser. Für
tieferes Wasser wird der Abstand zwischen Strecker und Springer sowie zwischen
Springer und Bißanzeiger entsprechend vergrößert

Die Fliegenwahl ist bei dieser Methode relativ frei und beruht auf
reinen Erfahrungswerten. So kann z. B. der Strecker aus der speziellen
Jumbofliege bestehen, die ja fürs Tieffischen konzipiert wurde. Der
findige Angler aber wird sich außerdem noch eine Anzahl herkömmli-
cher Muster, seien es Attractors oder verschiedene naturnahe Imitationen, mit der entsprechenden Menge Bleidraht präparieren. Dabei dürfen

die im hinteren Fliegenbindeteil dieses Buches angegebenen Hakengrößen bestimmter Muster um ein beträchtliches, bis hinauf zu den Nummern 8 und 6, überschritten werden, denn beim Tieffischen herrschen andere Gesetze.

Ist das zu befischende Wasser tiefer als 1,50 m, werden die Abstände zwischen Strecker, Springer und Indikator entsprechend vergrößert. Auch hier haben persönliche Erfahrungswerte den Vorrang, denn an jedem Gewässer sind die Verhältnisse anders gelagert. So kann es plötzlich von einem Augenblick zum andern zu einer völligen Ablehnung dieses Systems kommen. Meist sieht man einige Fische nach dem höher treibenden Springer steigen, dann jedoch hastig wieder abdrehen. Ganz nervöse Äschen überspringen sogar die höher treibende Fliege oder schlagen mit dem Schwanz danach, sie ,hassen', wobei schon mal die eine oder andere hängenbleibt, was einen recht ungewöhnlichen Drill zur Folge hat. Jetzt kann nur der Rückgriff auf ein bedeutend dünneres und weniger sichtbares Vorfach helfen, auch wenn sich die Gefahr des Reißens erhöht. Denn es ist immer das ihnen deutlich erkennbare Vorfach, das gilt auch beim Fischen mit nur einer Fliege, das die Fische zurückschrecken läßt. Sie möchten ja so gern den verlockenden Happen schnappen, was man vor allem den feinnervigen Äschen förmlich ansieht. Das auffällige Nylon agiert jedoch als unerbittliche Hemmschwelle für den Angler wie für den Fisch. Weiß der Fischer in solchen Fällen nicht mehr weiter, muß er die Fliegen einschließlich Vorfach tief unten in Grundnähe führen, damit die Fische nicht in den hellen und verräterisch widerspiegelnden Oberflächenbereich aufzusteigen brauchen. Deswegen sollte der versierte Naßfliegenfischer mit allen nur erdenklichen Tricks und Methoden der Sinkschnurtechnik vertraut sein, die ihm eine Überfülle an Möglichkeiten bietet. Mit der extrem tief geführten Fliege werden die schwierigsten Fische aufgespürt. Der Fliegenfischer, der in diese noch größtenteils unbekannte oder unsachgemäß ausgeführte Technik einsteigt, wird überrascht sein, welche Fische sein Gewässer als verborgenes Geheimnis hütet. Tieffischen mit Sinkleinen der verschiedensten Kategorien ist mitunter ein harter und, das sei nicht verschwiegen, ein Geduld fordernder, aber auch faszinierender Sport. Doch die Resultate überzeugen letztlich endgültig, und zwar zu jeder Jahreszeit.

Das Naßfliegenfischen mit teil- und voll-sinkenden Leinen

Die heutigen teil- und vollsinkenden Flugleinen existieren erst seit Ende der 60er Jahre. Zuvor gab es nur ein paar leicht sinkende Schnurtypen. Es war die amerikanische Firma Cortland, die auf diesem Sektor für neue Impulse sorgte und das Angebot auf schnell und sehr schnell sinkende Leinen erweiterte. Innerhalb kurzer Zeit bemühten sich auch andere Weltfirmen nachzuziehen, so daß jetzt der interessierte wie versierte Naßfliegen-, Nymphen- und Streamerfischer vor einer Auswahl steht, die, nach heutigen Gesichtspunkten, seine Bedürfnisse zufriedenstellend abdecken kann. In die Hand des Kundigen gegeben, der sie entsprechend zu präparieren und zu führen versteht, erlauben die jetzigen Sinkleinen Tiefen und Fische zu erreichen, die früher den künstlichen Fliegen verschlossen waren.

Um mit diesen Spezialleinen zufriedenstellende Ergebnisse zu erzielen, bedarf es jedoch einiger Erfahrung. Manche, die sich solche Leinen anschafften, um damit den Grundbereich ihrer Fließgewässer erfolgreicher zu befischen, legten sie nach einigen Versuchen enttäuscht wieder beiseite. Sie waren trotz extrem schnellsinkender Leinen nicht in der Lage gewesen, in jene Tiefenbereiche vorzudringen, in denen sie die großen Forellen und Grundäschen vermuteten, die sich normalerweise ja kaum noch zum Steigen bewegen lassen. Wie sind nun jene Mißerfolge zu erklären? Die Antwort ist einfach. Infolge falscher Betakelung und unsachgemäßer Führung hatten Leine, Vorfach und somit die Fliege gar keine Chance, den Grund zu erreichen, zumindest nicht früh genug.

Es ist sehr interessant, einmal die beiden folgenden tabellarischen Aufstellungen zu betrachten, die eine knappe Auswahl der gängigsten Spezialleinen enthalten. Der praktizierende oder angehende Fachmann, der jeder Situation gewachsen sein will, wird sich für je einen langsam sinkenden, einen mittelschnell und einen sehr schnell sinkenden Typ entscheiden. Er hat dann noch die Qual der Wahl zwischen Sink-Tip-Leinen, bei denen nur die vorderen 3 bis 9 m absinken, oder den voll sinkenden ‚Sinking Lines‘. Will er halbwegs komplett sortiert sein, wird er von beiden Typen je drei verschieden schnell sinkende Leinen auf seine Rollen spulen. Man merkt, die Sache summiert sich, wie auch das Photo meines Rollenkoffers beweist (Tafel 5). Aber die Forellen- und

Tabelle 2

Sink-Tip-Leinen (F/S Lines)

In der Rubrik Sinkgeschwindigkeit in cm/s bezieht sich der erste Wert auf die leichteste, der zweite auf die schwerste AFTMA-Klasse des Leinen-Typs

Hersteller	Bezeichnung	Länge der Sinkspitze in m	Sinkgeschwindigkeit in stehenden Gewässern in cm/s
Cortland	444 Type 1 Sink Tip WF	3	3,17– 4,44
Scientific Anglers	Air Cel Wet Tip DT oder WF	3	3,80– 5,08
Cortland	444 Type 3 Sink Tip WF	6	8,83–10,16
Scientific Anglers	Air Cel Wet Belly Hi-D WF	6	8,83–10,16
Cortland	444 Type 3 Sink Head WF	9	8,83–10,16
Scientific Anglers	Air Cel Wet Head Hi-D WF	9	8,25–10,80
Orvis	Sinking Tip WF	3	6,35–10,80
Scientific Anglers	Air Cel Wet Tip Hi-D WF	3	6,35–10,80
Cortland	333 Type 3 Sink Tip DT oder WF	3	8,90–10,16
Cortland	444 Type 3 Sink Tip DT oder WF	3	8,90–10,16
Cortland	444 SL Type 3 Sink Tip WF	3	8,90–10,16
Rodon	Borkast Sink Tip WF	3	8,90–11,68
Orvis	Hy-Flote Sinking Tip WF	4,5	8,90–12,7
Scientific Anglers	Ultra Wet Tip Hi-Speed Hi-D WF	3	3,52–13,33

Tabelle 3

Voll sinkende Leinen (Sinking Lines)

In der Rubrik Sinkgeschwindigkeit in cm/s bezieht sich der erste Wert auf die leichteste, der zweite auf die schwerste AFTMA-Klasse des Leinen-Typs

Hersteller	Bezeichnung	Sinkgeschwindigkeit in stehenden Gewässern in cm/s
Cortland	444 Intermediate	2,92– 3,81
Orvis	Intermediate WF	3,17– 5,08
Scientific Anglers	Intermediate DT und WF	3,17– 4,44
Cortland	Type I WF und ST	3,17– 4,44
Scientific Anglers	Wet Cel I DT, WF und ST	4,44– 6,35
Cortland	Type II DT, WF und ST	6,35– 7,62
Orvis	Fast Sinking Line WF und ST	5,8 – 7,62
Scientific Anglers	Wet Cel II DT, WF, ST und L	5,8 – 7,62
Cortland	Type III DT, WF und ST	8,83–10,16
Scientific Anglers	Wet Cel Hi-D DT, WF und ST	8,25–10,8
Cortland	Type IV WF und ST	10,8 –12,7
Orvis	Super Fast Sinking WF	9,9 –13,9
Scientific Anglers	Wet Cel Hi-Speed Hi-D WF und ST	9,5 –16,5
Cortland	Kerboom ST	17,7 –26,0
Scientific Anglers	Deep Water Express ST	17,7 –25,4

Äschenreviere sind nun mal verschieden tief und haben unterschiedliche Fließgeschwindigkeiten, so daß eine derart reichhaltige Kollektion keineswegs übertrieben ist.

Die geeignete Ausrüstung mit sinkenden Leinen aber ist leider noch lange keine Erfolgsgarantie. Welchem Newcomer z. B. wird auch gesagt, daß die Angaben zur Sinkgeschwindigkeit in cm/s nur auf stehendes, völlig unbewegtes Süßwasser berechnet und somit faktisch wertlos sind. So vermindern sich diese Werte in einem Gewässer von mittlerer Fließgeschwindigkeit um etwa 30 %. Bei unsachgemäßer Leinenführung erhöht sich dieser Prozentsatz noch, und in schnelleren, tieferen Gewässern wird die Absinkrate bis zur Wirkungslosigkeit verzögert.

Nun sollte der Angler den Herstellern jedoch keine Unterlassungssünden vorwerfen, zumal die als praktisch bekannten Fliegenfischer der Neuen Welt das Problem längst mit beschwerten Fliegen und Vorfächern gelöst haben. Nur hier auf dem europäischen Kontinent tappt man leider meistens noch im dunkeln. Drüben aber fischen amerikanische Experten sehr erfolgreich mit Sinkleinen aller nur erdenklichen Kategorien; je nach Lage der Dinge. Und Experten, wie z. B. Charles E. Brooks, haben bewiesen, daß selbst in reißenden Gewässern tiefstehenden, kapitalen Fischen beizukommen ist.

Das Geheimnis erfolgreichen Fischens mit voll- und teilsinkenden Leinen liegt, um es ganz einfach zu sagen, im Zusammenklang von

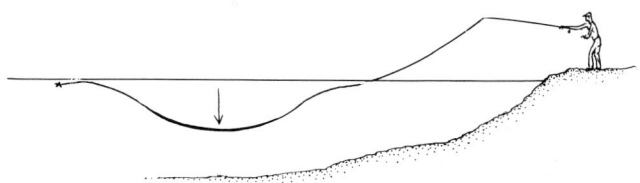

Abb. 18. Bei Sinkleinen geht zuerst der schwerere Teil unter, dann folgen Vorfach und Fliege, sofern beide nicht beschwert sind

richtig gewähltem Leinentyp, entsprechend beschwertem Vorfach, mehr oder weniger beschwerter Fliege und einer geschickten Leinenführung. Neben der Leinenführung ist das bebleite Spezialvorfach der wichtigste Garant für effektives Tieffischen mit der Naßfliege. Denn worin die Schwäche einer unsachgemäß betakelten Sinkleine zu suchen ist, kann der Fliegenfischer selbst sehr schnell feststellen. Er werfe nur ein paar Meter ohne Vorfach und Fliege auf ein stehendes Wasser und

Tafel 5. Oben: Oft muß man viele verschiedene Methoden ausprobieren, ehe solch eine kräftige Regenbogenforelle an die Fliege geht. – Unten: Nur mit einem reichhaltigen und ausgewogenen Leinensortiment läßt sich die Naßfliege in jeder Tiefe fischen. (Der Rollenkoffer des Autors)

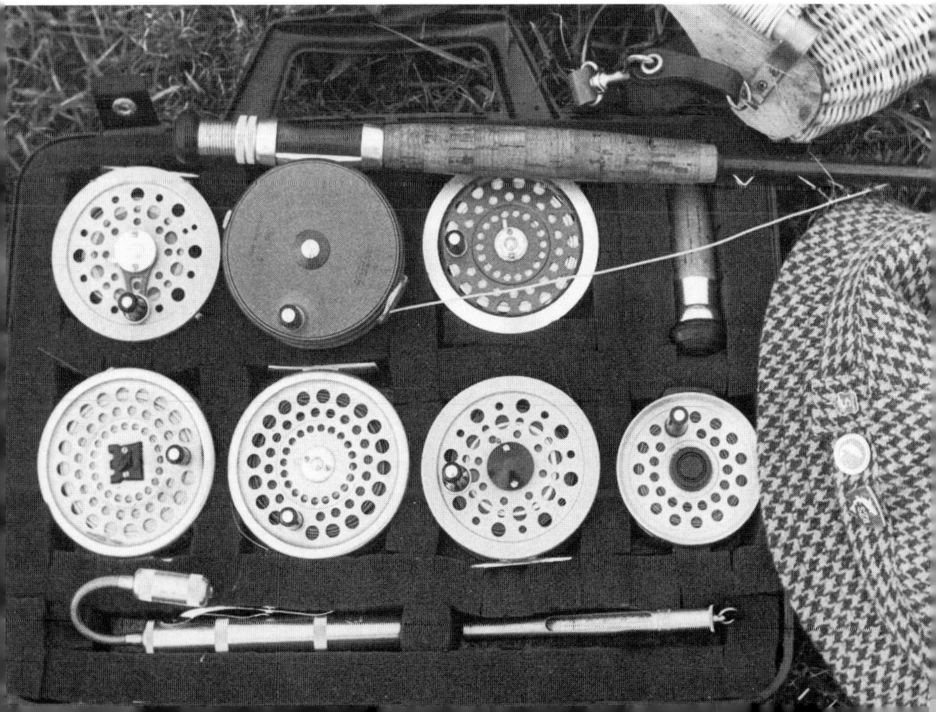

beobachte, wie sich die Leine während des Absinkens verhält. Ja, eigentlich braucht man diesen Test gar nicht in praxi durchzuexerzieren, denn jeder kann es sich auch so vorstellen, was jetzt passieren würde. Allem voran ginge der dickere, schwerere Leinenteil unter, erst dann würde von ihm der dünnere, leichtere Spitzenteil nachgezogen werden. Zuletzt käme das Vorfach einschließlich Fliege an die Reihe (Abb. 18).

Das ganze Geheimnis erfolgreichen Fischens mit sinkenden Leinen liegt in erster Linie in einem fachmännisch präparierten Vorfach, das, einschließlich der verwendeten Leine, der Fließgeschwindigkeit und Tiefe des Gewässers angepaßt ist. Der Fischer muß also über unterschiedlich beschwerte Vorfächer verfügen, die sich zudem noch schnell und problemlos austauschen lassen. Genügt es z. B. schon, ein Vorfach, das an einer leicht sinkenden Leine gefischt werden soll, am oberen Ende mit einer Wickelung Bleidraht zu versehen, so muß ein anderes, das die Fliege mit Hilfe einer schnell sinkenden Leine tief zum Grund bringen soll, extrem stark mit Blei präpariert sein. Aber je nach Lage der Dinge kann der Angler auch eben dieses schwere Vorfach an einer leichtsinkenden oder gar schwimmenden Leine fischen. Die verschiedensten Kombinationen sind also möglich. Das ideale Vorfach sinkt stets eine kleine Idee schneller als die Leine.

Das präparierte (bebleite) Vorfach

Das Vorfach, das jetzt vorgestellt wird, ist nach jahrelangen Versuchen inzwischen als ausgereift anzusehen. Seine Vorzüge: enorme Haltbarkeit, Geschmeidigkeit und schnelle Austauschbarkeit. Es rollt, eine lange, starke Rute der Klasse 6–8 vorausgesetzt, in der Luft sauber aus, so daß auch bei diesem etwas schwereren Gerät Stil und Eleganz nicht zu kurz kommen. Ferner kann ohne besondere Umstände eine neue Spitze angeknotet werden. Das Vorfach besteht aus sechs Strängen 0,18er monofiler Angelschnur, die miteinander verzwirnt sind. Es ist unverjungt. Bevor die Arbeit beginnt, werden ein paar Werkzeuge und Hilfsmittel (Abb. 19) benötigt. Da sind jede Menge kleinster Springringe, für jedes Vorfach einer. Ferner der Fliegenbindestock, vier Büroklammern, ein Haken aus starkem Draht, der ins Futter der Bohrmaschine paßt, und je drei Flachbleie zu je 40 g, in deren Bohrung ebenfalls ein ähnlich gebogener Drahthaken gesteckt oder, noch besser, eingeklebt wird, und eine Zweigang-Bohrmaschine.

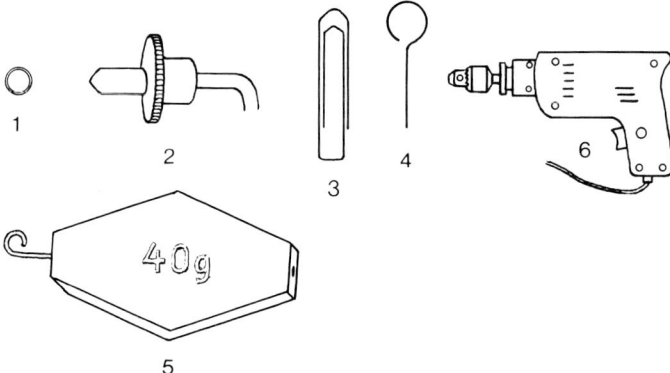

Abb. 19. Werkzeug und Hilfsmittel für die Herstellung eines sinkenden Vorfachs. 1: Springring; 2: Bindestock; 3: Büroklammer; 4: Drahthaken für Bohrmaschine; 5: Flachblei mit Drahthaken; 6: Bohrmaschine

Zuerst kommt eine Büroklammer zwischen die Bindestock-Backen. Auf diese Büroklammer wird ein Springring gezogen. Durch den Springring ziehen wir drei einzelne Schlingen neutralfarbenes 0,18er Nylon, und verknoten sie am gegenüberliegenden Ende. An diese Stelle wird auch je eine Büroklammer eingehängt (Abb. 20). Die Länge jeder Schlinge soll etwa 1,70 m betragen. Das ergibt später ein 1,50 m langes Vorfach, ohne Spitze. Damit die Schlingen straff gehalten bleiben, hängt der Bastler jetzt schon einmal je ein Blei in die drei letzten Büroklammern und legt die drei Bleie nebeneinander auf einem Stuhl oder Tisch ab. Nun spannt er den Drahthaken in das Futter der Bohrmaschine und faßt damit die untere Büroklammer der ersten Schlinge. Mit dem langsameren Gang läßt er die Bohrmaschine etwa 20–30 s laufen. Dabei muß der sich verzwirnende Faden unter leichter Spannung gehalten werden. Ist die Zeit vorbei, wird wieder, schön stramm, das Flachblei eingehängt und abgelegt. Und so wird noch mit der zweiten und letzten Schlinge verfahren. Wir haben jetzt die drei verzwirnten, vom Blei stramm gehaltenen Schlingen nebeneinander auf den Boden gelegt und schnüren sie unmittelbar über den drei Flachbleien mit einem Bändchen locker zusammen, so daß sie unmittelbar nebeneinander verlaufen. Hierbei muß das Nylonmaterial ständig gespannt bleiben. Nun nehmen wir die Büroklammer, die den Springring hält, aus dem Bindestock, steigen eventuell auf einen Stuhl und halten das Nylon so hoch, daß die drei Flachbleie zusammen in der Luft hängen. Sofort beginnen sie zu kreiseln: Die drei gezwirnten Nylonstücke verdrehen sich noch einmal

59

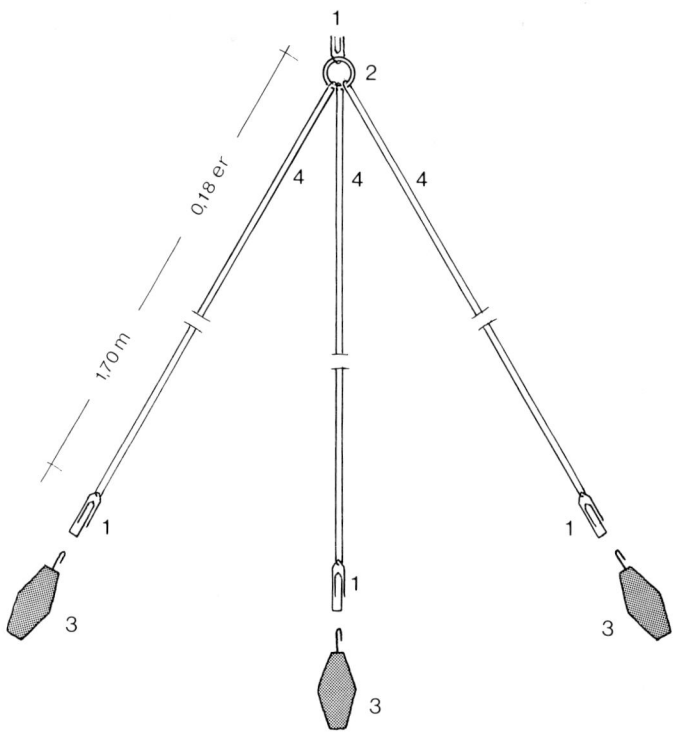

Abb. 20. Konstruktion des Vorfachs. 1: Büroklammern; 2: Springring; 3: Flachbleie
mit Drahthaken; 4: Nylon-Schlingen

miteinander, und zwar so exakt und präzise, daß das Ergebnis verblüfft. Es dauert eine Zeitlang, bis die trudelnden Bleie zur Ruhe kommen. Dann aber ist der Vorfachrohling fertig zur Weiterverarbeitung. Der Vollständigkeit halber soll hier noch erwähnt werden, daß sich aus solchen Rohlingen, die aber etwas länger sein müßten, hervorragende verjüngte Fliegenvorfächer fertigen lassen. Mit einem einfachen Knoten werden die einzelnen Sektionen abgesichert und die entsprechende Anzahl Fäden nacheinander herausgepult.

Zunächst aber muß der Rohling dort, wo sich die drei Flachbleie befinden, abgeschnitten und mit einem einfachen Knoten abgesichert werden. An dieser Stelle wird dann (Abb. 21) eine Vorfachschlinge aus einem Stück 0,45er Nylon eingeknotet. Für diese Schlinge ist starkes Nylonmaterial unabdinglich, weil es sich bei einem beabsichtigten Wechsel später leichter aus der Einhängeöse der Leine herausnehmen

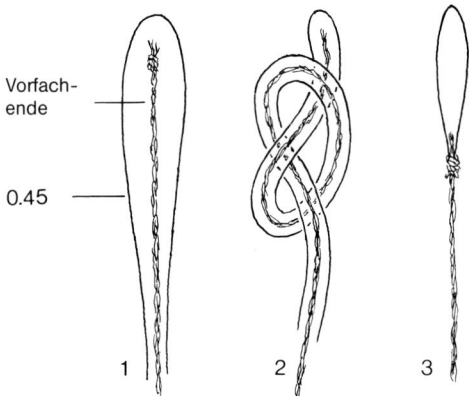

Vorfach-
ende

0.45

1   2   3

Abb. 21. Anbringen der Vorfachschlinge. 1: Ein Stück 0,45er Nylon wird um das Vorfachende gelegt; 2: mit einem einfachen Knoten wird beides zusammen verknotet; 3: Die überstehenden Enden sind abgeschnitten und der Knoten ist mit ,UHU plus endfest 300' überzogen worden

läßt. Der kleine Springring am anderen Ende des verzwirnten Vorfachs dient zum Anknoten der Vorfachspitze. Doch davon später mehr.

Jetzt ist also ein gut 1,50 m langes Vorfach entstanden, das mit einer entsprechenden Menge Bleidraht bestückt werden soll. Bleidraht gibt es in drei Handelsgrößen, deren dickste Ausführung sich hier am besten eignet. Sollte sie mal nicht zur Hand sein, können die dünneren Sorten auch doppelt verzwirnt werden. Ein 4,5 cm langes Stückchen wird, bevor etwas ,UHU plus endfest 300' auf die Stelle kommt, wo es hin soll, ganz eng um das Vorfach herumgewickelt. Das geht am besten bei einem Vorfach, das stramm zwischen zwei Fliegenbindestöcke gespannt wurde (Abb. 22).

Abb. 22. So wird der Bleidraht um das Vorfach gewickelt

Braucht der Fischer ein extrem schweres Vorfach, setzt er alle 20 cm eine Bleibeschwerung. Wünscht er ein leichteres, vergrößert er die Abstände. Die einzelne Bleimenge bleibt immer die gleiche. Ist das Vorfach wunschgemäß bestückt, schließt sich das Überziehen sämtlicher Bleiwindungen mit ,UHU plus endfest 300' an. Dieser plastifizierende, hervorragende Klebstoff, der sich nach 24stündiger Aushärtung wie ein Mantel um das Blei schließt, hält bombenfest. Die rauhe Struktur des

61

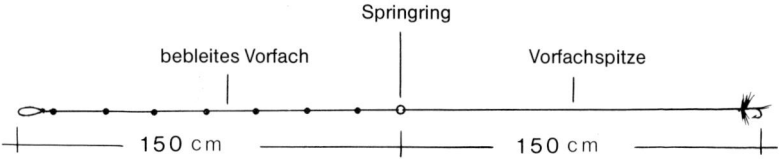

Abb. 23. Gesamtansicht und Aufbau eines präparierten (bebleiten) Vorfachs

Vorfachs unterstützt diesen Effekt noch zusätzlich. Gut gearbeitet, hält so das Vorfach sehr, sehr lange, auch bei häufigem Fischen. Abb. 23 zeigt das fertige, verwendungsbereite Vorfach.

Der gestandene Naßfliegenfischer wird sich, wie schon angedeutet, mit einem ziemlich umfangreichen Sortiment der unterschiedlichst beschwerten Vorfächer eindecken, die er am Fischwasser, je nach Bedarf, ohne große Umstände auswechseln kann. Hierfür hat er die Spitzen seiner verschiedenen Fliegenleinen entsprechend vorbereitet. Entweder bedient er sich der allbekannten klassischen Schlinge aus Angelschnur, die er mit Hilfe einer Nähnadel unter dem Luftstrahl eines Föhns in die Leinenseele integriert hat (Abb. 24a), oder er verwendet die neueren, sehr praktischen No Knot Eyelet (Abb. 24b). Die No Knot Eyelets sind winzige Ösen, die an sehr dünnen Metallspießchen haften. Auch sie sind mit Hilfe des warmen Föhnstrahls leichter in die Leinenseele einzuführen, wo sie, dank ihrer kleinen Widerhaken, bombenfest steckenbleiben. Allerdings ist gelegentliches Auswechseln erforderlich. In der Öse des No Knot Eyelet befestigt der Fliegenfischer einen Springring, in den er dann nach Belieben die verschiedensten Vorfächer ein- und aushängen kann.

Sinking Tip- oder Sinking Lines?

Der Interessent fürs Naßfischen mit der tief geführten Fliege wird sich vor die Frage gestellt sehen, für welchen Leinentyp er sich zunächst entscheiden soll: Sink Tip oder Sinking Line (Fliegenleine mit sinkender Spitze oder vollständig sinkende Leine)? Ich glaube, ich kann ihm die Wahl seiner ersten Leine dieser Art, sofern er im Fließgewässer zu fischen gedenkt, erleichtern. Mit einer vergleichenden Zeichnung, die das Verhalten beider Leinen-Modelle veranschaulicht, ist dies vielleicht besser möglich als mit vielen Worten (Abb. 25). Wie ein Vergleich von Abb. 25a und b zeigt, bringt die auf der gesamten Länge absinkende

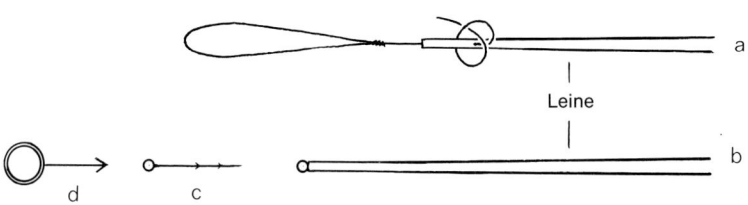

Abb. 24. Klassische Schlinge und No Knot Eyelet. a: durch die Leinenseele geführte Nylonschlinge mit seitlichem Austritt und anschließender Verknotung; b: Fliegenleine mit No Knot Eyelet; c: No Knot Eyelet vor der Montage, d: Springring

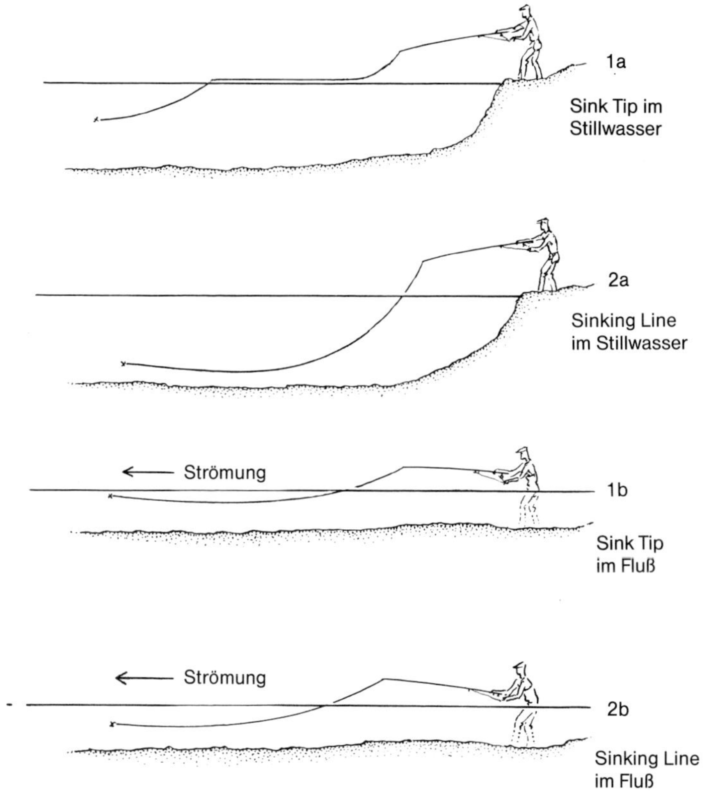

1a

Sink Tip im Stillwasser

2a

Sinking Line im Stillwasser

⟵— Strömung

1b

Sink Tip im Fluß

⟵— Strömung

2b

Sinking Line im Fluß

Abb. 25. Sink Tips und Sinking Lines. Im Fließwasser, beim Fischen an stramm gehaltener Leine, haben Sink Tips und Sinking Lines fast den gleichen Effekt (1b und 2b). Nur wenn der Angler die Leine entlastet oder im Stillwasser machen sich Unterschiede bemerkbar

Sinking Line beim Fischen im Stillwasser die Fliege schneller und tiefer hinunter. Ob das dort immer wünschenswert ist, steht auf einem anderen Blatt. Im Fließgewässer stromab z. B. (Abb. 25 b) ist der Effekt beider Schnüre fast der gleiche. Beim Stromabfischen, der hier wohl am meisten praktizierten Methode, ist die Wahl zwischen beiden also zweitrangig. Aber einmal ganz abgesehen davon, daß die beiden Leinentypen während der Flußfischerei stromab fast ähnliche Verhaltensweisen zeigen, besitzen Sink Tips noch ein paar weitere, sympathische Vorzüge. Sie lassen sich nämlich besser zu einem neuen Wurf aufnehmen, problemloser vom Ufer aus fischen, leichter menden, sicherer über Krautbeete hinwegführen, mit den eingeholten, auf dem Wasser liegenden Längen angenehmer wieder ausspielen, und da sie an der Wasseroberfläche schwimmen, kann keiner darauf herumtrampeln, wie es bei einer Sinkleine beim Waten immer wieder vorkommt.

Der weniger erfahrene Fischer fängt also mit einer Sink Tip an. Damit läßt sich sofort problemlos fischen. Eine voll sinkende Leine verlangt etwas mehr Erfahrung. Damit wird besser auf kurze Distanz, eventuell querab oder mit der Brooks-Methode gefischt, über die noch zu berichten sein wird. Erstanschaffung also eine mittelschnell sinkende Sink Tip. Wer mit dieser Leine mit verschieden beschwerten Vorfächern fischt, erzielt schon recht gute Resultate. Später, nach und nach, wenn sich die ersten Erfolge eingestellt haben, vergrößert der Fliegenfischer ganz sicher seinen Schnur- und Rollenpark. Bis dahin hat sich bei ihm etwas entwickelt, was für den endgültigen Durchbruch unabdingbar ist: ausreichende Erfahrung.

Querabfischen

Für die Querabmethode eignen sich alle teil- und vollsinkenden Leinenarten. Die besten Ergebnisse vom Ufer wie beim Waten aber bringt nach meinen Erfahrungen eine leicht bis mittelschnell vollsinkende Leine. Mit diesen gemäßigten Typen lassen sich besonders die mitteltiefen Bereiche größerer Flüsse (1 bis 2 m) auf größere Distanzen absuchen. Mit Hilfe eines nicht zu stark beschwerten Vorfaches (1 bis 3 Bleie), einer Vorfachspitze von 0,18 bis 0,20 mm Ø und ein oder zwei Naßfliegen bis Größe 8 bringt man noch jene Äschen und Forellen vom Grund hoch, die für den Oberflächenbereich nicht mehr so recht zu interessieren sind.

Die Wahl der Fliege ist reine Erfahrungssache, und es lohnt sich, ein bißchen zu experimentieren. Ganz sicher aber kann eine Märzbraune, der gegebenenfalls noch eine Wickham's als Springer dazugesellt wird, als Allroundlösung bezeichnet werden. Auch alle Palmer fangen gut. Ebenso größere Landinsekten- und Larvenimitationen. Morgens und abends offenbaren sich jedoch die Jumbos als besonders fängig. Man sollte bedenken, daß der Fisch vom mittleren Tiefenbereich abwärts gegenüber der Fliegenform und -farbe gar nicht mehr so kritisch eingestellt ist wie in den oberen Regionen. Von viel größerer Bedeutung erweist sich jetzt die sachkundige Führung der Nassen sowie die Verfänglichkeit ihrer Reizbewegung, ihres Spiels, wie der Fachmann sich ausdrückt.

Um der Fliege ein paar Sekunden Zeit zu geben abzusinken, legt der Angler den Wurf leicht stromauf, oder er bedient sich des Bogenwurfes. Während der relativ kurzen Sinkphase kann auch noch, je nach Fließgeschwindigkeit, Leine nachgegeben werden. Viel Zeit bleibt beim Querabwurf aber nicht, denn mit der Leine bzw. mit der Fliege ist Handkontakt aufzunehmen, indem die seitwärts abdriftende Leine leicht gespannt wird.

Und das ist beim Naßfischen mit teil- oder vollsinkenden Schnüren ein sehr wichtiger Aspekt: Von der Sinkphase abgesehen, muß immer Fühlung mit der Fliege bleiben. Sobald dieser Kontakt unterbrochen wird, sei es durch Nachgeben von Leine oder bei leicht- und teilsinkenden Schnüren durch Menden, bleiben Bisse unbemerkt. Das aber ist nicht allzu tragisch, weil der Fisch die Fliege ja als Fremdkörper sofort wieder ausspeien würde. Ansonsten bieten Menden und Nachgeben von Leine die einzige Möglichkeit, die Fliege auf Tiefe zu bringen und auch dort zu halten. Dennoch weiß der alte Hase diese Korrekturen derart kurz und geschickt durchzuführen, daß der Kontaktverlust kaum ins Gewicht fällt. Irgendwie ,erfühlt' er meist Fliege und Biß am anderen Ende der Leine. Wieder der 6. Sinn des Naßfischers? Einesteils bestimmt; zum anderen schlägt sich manchmal der Fisch gegen die mit leichter Spannung geführte Leine von selbst an, und der darauf folgende Anhieb bleibt mehr ein Ritual.

Hier muß also mit viel Gefühl gefischt werden. Genauso wie zuvor mit der Schwimmschnur im Oberflächenbereich. Jeder unnötig übertrieben starke Zug an der Leine läßt nicht nur die Fliege eine unnatürlich heftige Bewegung vollführen, sondern strafft auch Schnur und Vorfach und liftet die Fliege aus dem fängigen Bereich heraus gegen die Oberfläche. Bei mitteltiefen Flüssen mit mittlerer Fließgeschwindigkeit genügt es, nach der Absinkphase der Fliege die Leine leicht zu straffen und der abdriftenden Leine mit der Rutenspitze so zu folgen, daß das Abtreiben nicht behindert wird, aber auch die Fühlung zur Fliege nicht verloren geht. Drückt die Strömung zu stark, wird gemendet oder Leine nachgegeben. Ist die Fliege herumgeschwungen, zieht der Fischer so viel Leine ein, daß er den Rest mit der starken Rute zu einem neuen Wurf aufnehmen kann, oder er zupft sie, eventuell unter leichten Wippbewegungen der Rutenspitze, langsam heran.

Was die noch weniger erfahrenen Naßfliegenfischer beim Querabfischen nicht vermuten, ist der unheimlich starke Schnurbogen (Schnurbucht), der sich unter Wasser entwickelt, der auch die Fliege wieder näher zum Angler heranbringt. Das muß beim gezielten Fischen bedacht werden (Abb. 26). Dieser Schnurbogen läßt sich zwar bei kurzen Würfen

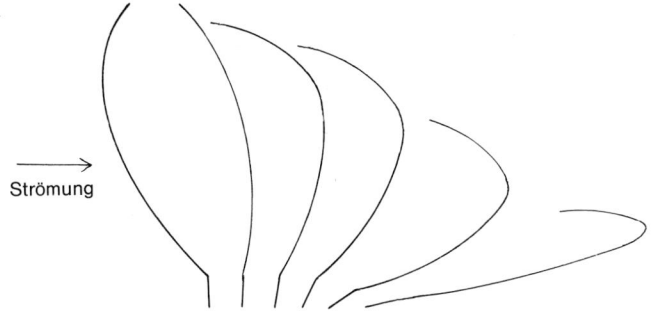

Abb. 26. Der Schnurbogen beim Querabfischen mit Sinkleinen ist auf weite Distanz unvermeidbar

mit Menden weitgehend entschärfen. Bei weiteren Distanzen ist er jedoch unvermeidbar. Der Fängigkeit der Fliege schadet er wohl kaum. Der Schnurbogen verführt aber zu der Annahme, die Partie sei ausgefischt, wenn es noch lange nicht so weit ist. Der Fischer sollte nämlich, wenn sich die Leine flußabwärts zu strecken beginnt, mindestens noch 10 s warten, damit die Fliege herumschwingen kann, bis sie mit der von der Strömung gestrafften Leine eine Gerade bildet. Nicht selten packt jetzt, wenn die Nasse zum Stillstand gekommen ist, irgendein Fisch, der dem Köder vielleicht mit gemischten Gefühlen gefolgt ist, bedenkenlos zu.

Selbstverständlich kann auch mit schweren, schnellsinkenden Leinen, die mit entsprechend beschwerten Vorfächern bestückt sind, die Querab-Methode praktiziert werden, wenn auch für diese Kombination, wie wir im nachfolgenden Abschnitt sehen werden, der Stromabwurf idealer ist. Aber in der goldenen Praxis läßt sich ja glücklicherweise nicht alles in ein festes Schema pressen. Dort aber, wo es aus irgendwelchen Gründen unmöglich ist, die Fliege stromab zu führen, muß der Querabwurf aus der Klemme helfen.

Stromab, sehr tief

Die nachfolgend beschriebene Stromabmethode ist hierzulande weniger bekannt, und es ist darüber auch kaum etwas publiziert worden. Sie hängt in besonderem Maße von Gerät und Technik ab, die voll darauf abgestimmt sind, die Fliege durch alle möglichen Tiefen und Strömungen bis dicht über den Grund hinabzubringen. Dazu verhilft in erster Linie die entsprechend ausgewählte Leine. Der Fliegenfischer hat ja ein ziemlich umfangreiches Rollensortiment parat, das mit den verschiedensten Leinen-Typen bespult ist (siehe auch Tafel 5). Ferner, genauso wichtig, das passend präparierte Vorfach, dazu ein bis zwei mehr oder weniger beschwerte Naßfliegen, die an der etwa 1,50 m langen, nicht unter 0,20 mm Ø liegenden Vorfachspitze befestigt sind. Eine möglichst starke Spitze, das sei betont, ist wichtig. Denn in jenen Bereichen, in die der Fischer jetzt vorzustoßen gedenkt, hausen die ganz Großen.

Ich glaube, an dieser Stelle sollte ich erst einmal erklären, warum wir mit diesem etwas schweren Geschirr arbeiten müssen. Denn leicht ist es wahrlich nicht im Vergleich zu jenen filigranzarten Trockenrütchen. Darum könnte es sein, daß der eine oder andere Trockenfischer bei den nächsten Zeilen etwas skeptisch die Stirn runzelt. Doch gewöhnt sich der Angler schneller als erwartet an das starke Gerät, zumal das effektive ,Grundfischen' unmöglich mit einer leichten bis mittelleichten Ausrüstung durchführbar ist. Darum mein Vorschlag zu einer Rute, wie ich sie seit Jahren führe, und die meinen Idealvorstellungen entspricht: Ein Blank, etwa 3 m lang, für die AFTMA-Klasse 7–8 zugelassen. Durchweg beringt mit Lachsruten-Brückenringen, so daß auch Leinen der Klasse 5–6 verwendet werden können. Am Rutenende (Handteil) ein abnehmbarer Fighting Butt (Kampfgriff). Solch eine Rute ist nicht ohne weiteres erhältlich, und der Fliegenfischer läßt sie sich am besten bauen, sofern er nicht selbst über ausreichend handwerkliches Geschick verfügt. Die Leinen, die wir mit dieser Rute werfen und fischen, gehören meist der Klasse 5–8 an. Im Verein mit einem mehr oder weniger beschwerten Vorfach, das ja im extremen Fall höchstens 4 Gramm wiegt, lassen sich mit allen Sink-Typen elegante und weite Würfe ausführen. Eine Aus-

nahme macht nur jene Sonderanfertigung mit einem Stück Bleischuß-
kopf, von der noch die Rede sein wird. Bei plötzlich einsetzendem
Abendsprung aber, wenn es uns unwiderstehlich zur Trockenfliege
drängt, dann läßt sich diese Rute auch ohne weiteres für die Trockenfischerei ausrüsten, sofern sich der Fischer erst einmal daran gewöhnt
hat.

,Dry fly only' ist also auch mit diesem Gerät möglich. Allerdings
sollte niemand allein auf die Trockene schwören, denn es ist unglaublich,
was in manchen Äschenrevieren klammheimlich im Verborgenen blüht.
Auch wenn eine sogenannte Große mal die Fliege von der Oberfläche
nippt: meist ist es ein ,Leichtgewicht' gegen jene Großmütter, die fest
am Grund ,kleben' und sich keinen Deut um die Geschehnisse in den
mittleren und oberen Gewässerbereichen kümmern. Es gibt nämlich
tatsächlich jene Spezies, die wir unter dem Begriff Grundäsche kennen.
Sie werden so schwer und zahlreich, weil sie in Strecken, bei denen meist
nur die Oberfläche befischt wird, kaum herausgefangen werden. Die
sogenannten Steiger, die sich von jungauf auf jede erdenkliche Trockenfliege stürzen, werden ja, ehe sie so weit wie die steigträgeren Fische
gediehen sind, größtenteils herausgefangen. In unserem Buch ,Das
Fischen mit der Trockenfliege' haben mein Freund Dr. Voljč und ich das
eindeutig geschildert. Wollen wir also wirklich kapitale Äschen fangen,
dann muß die Fliege auch dort angeboten werden, wo sich diese Fische
aufhalten.

Und das ist tief unten am Grund, wo jene Urahnen ungezählter
Äschengenerationen, gut getarnt im schmutziggrauen Schuppenkleid,
larvenmümmelnd eher einem Stückchen Käse oder Tauwurm zugetan
sind als dem Pünktchen von Flugnahrung, das hoch oben über sie
hinwegtreibt, sei es nun natürlicher oder künstlicher Herkunft. Steinalt
sind sie, jene Veteranen. Wer's bezweifelt, der lege mal eine dieser
gewichtigen, alten Vetteln in die Pfanne und koste davon . . . Schau-
dernd sich ihres traurigfaden Geschmacks erinnernd, setzt der Angler
solche zur Tafel untauglichen Exemplare hinfort wieder in ihr Element
zurück. So werden sie eines Tages sicher an Altersschwäche eingehen.
Aber der Kampf mit diesen Giganten, die 50 cm, 55 cm oder noch länger
werden können, der geht unter die Haut, so sie sich z. B. schräg zur
Strömung stellen, daß der Angler einen aufgespannten Regenschirm zu
drillen glaubt. Oder wenn sie mit abgespreizter Fahne aus dem Wasser
schnellen. Oder wenn sie plötzlich, wie irrsinnig, stromab schießen, daß
Bremsen ein Wagnis ist. Oh ja, ich weiß genau, wovon ich schwärme.
Bin ich doch an solchen Strecken zu Hause, an etwa 40 Gesamtkilome-

tern, die mit jedem Schwierigkeitsgrad gesegnet sind. Dennoch, wenn's eindunkelt und der Abendsprung voll einsetzt, dann packt auch mich der Drang zur Trocken- oder zur hochgeführten Naßfliege.

Aber es sind keinesfalls allein die Äschen, die mit dieser Methode am Gewässerboden zu haken sind. Große, einzelgängerische Forellen stürzen sich ebenso auf die tiefgeführte Naßfliege wie z. B. Döbel, Barbe oder Wildkarpfen. Es sind hauptsächlich die Jumbos, die unseren Freunden zum Verhängnis werden, ganz gleich, in welcher Jahreszeit. Der Anfänger ist immer etwas schockiert über die Dimensionen der Jumbos: Meist auf den schweren klassischen, schwarz brünierten Lachshaken – bis Größe 6 – gebunden, stehen sie sicherlich in starkem Kontrast zur konventionellen Äschenfliege. Aber sie passen und fassen in jedes Äschenmaul und strafen die Vorstellung von der Pingeligkeit dieses Fisches eigentlich Lügen, zumindest in den tiefen Regionen. Die langsame und bedächtige Führung des Köders ermöglicht es jedem Fisch, diese Großfliege zu schnappen, die sich leichter und humaner lösen läßt als z. B. eine winzige Midge. Bei mir hatte sich auch einmal ein fingerlanges Äschenbaby an der Jumbofliege ‚vergriffen‘. Es wurde ohne Umstände von dem schweren Eisen befreit. Wie ausladend weit sich so ein Äschenmaul zu öffnen vermag, beweist das Photo auf Tafel 4.

In vielen Praxisjahren habe ich erfahren, daß an der alten Anglerweisheit, ‚Großer Köder – großer Fisch‘ auch beim Tieffischen mit der Naßfliege etwas Wahres dran ist. Mein erfolgreichstes Geschirr für diesen Zweck ist deshalb eine Jumbofliege, Größe 6 bis 8, und 60 cm darüber als Springer eine kleinere Naßfliege, Größe 10 bis 14. Ihre Farbe kontrastiert zum Strecker, wie es z. B. bei Attractors, Märzbraune, Wickham's, Black Pennell, Waterhen Bloa, Gold Ribbed Hare's Ear, Flohkrebsfliege usw. der Fall ist. Obwohl die Jumbofliege meist die Favoritin bleibt, gibt es auch Tage, an denen die kleineren Muster von Äsche wie Forelle vorgezogen werden. Warum dem so ist, weiß der Himmel. Nur eins ist in all den Jahren hierbei noch nicht passiert, nämlich, daß es eine Doublette gegeben hat.

Alte, schwere und erfahrene Fische sind meistens dort zu finden, wo sich nur selten ein Ring an der Wasseroberfläche zeigt. Das kann in einem ruhigen Zug möglich sein, wo es mehrere Meter bis zum Grund hinab geht, oder an einem der steilabfallenden, eventuell unterhöhlten Uferborde. Die mittelschnellen Passagen bilden in der Regel die besten Trockenfliegen-Reviere mit gut steigenden Fischen. Aber auch sie verfügen fast immer über eine alteingesessene Kolonie steigfauler Grundäschen, zu denen sich hin und wieder eine kapitale Forelle gesellt.

Die ‚sportlichsten‘, und daher für den trainierten Watfischer interessantesten Partien jedoch sind die schnellen Gefällstrecken, wo es braust, rauscht und schäumt. Der Laie würde staunen, wenn er sähe, was der versierte Naßfischer aus diesem scheinbar von allem Leben verlassenen Wasser herausholt. Denn viele erliegen dem weit verbreiteten Irrtum, daß in solch schnellen und scheinbar unbequemen Wassern sich kaum ein Fisch, geschweige denn ein großer, halten könne. Die meisten Fliegenfischer wissen nicht, daß es selbst in tosenden und gischtsprühenden Partien eine Zone der gemäßigten Strömung bis hin zum Stillstand gibt, und zwar am Gewässergrund. Hier bricht sich der Wasserschub an den tausendfachen Unebenheiten, vom kleinsten Kiesel bis zum tonnenschweren Felsblock. Dieses Phänomen kann jeder Zweifler vor Ort selbst beobachten, treibt z. B. im Herbst das abgeworfene Laub den Fluß hinunter. An der Oberfläche werden die Blätter mit der höchsten Fließgeschwindigkeit stromab geschwemmt. Etwas abgesunken, verringern sie schon das Tempo ihrer Reise. Und diejenigen, die den Grund erreicht haben, gleiten ganz gemächlich dahin. Viele von ihnen bleiben sogar zwischendurch völlig regungslos liegen, als ruhten sie in einem stillen See, nicht aber auf dem Boden eines reißenden Flusses.

Scharfe Strömung hält also keinen starken Salmoniden fern. Eher ist das Gegenteil der Fall. Wohlgeschützt am Gewässerboden, von sauerstoffreichem Wasser angenehm umspült, gleicht dieser Aufenthalt, an dem es von Larven, Flohkrebsen, Nymphen und anderer Nahrung nur so wimmelt, eher einem Schlaraffenland, das der Fisch gegen den Schwächeren zu verteidigen, vor dem Stärkeren aber leider zu räumen hat. Von solch üppig gedecktem Tisch hebt er sich nicht hinweg, um nach einer hohlleibigen, soeben geschlüpften Dun aufzusteigen. Wen es danach gelüstete, der wurde schon längst mit der Trockenfliege herausgefangen.

Für den Naßfliegenfischer, der die Grundregion seiner Gewässer erfolgreich abfischen will, ist anfangs die richtige Wahl bzw. Zusammenstellung von Leine und Vorfach schwieriger als das Aufspüren der Fische. Mit zunehmender Praxis und Erfahrung wächst jedoch die Sicherheit, und der Nymphenfischer wird es leichter haben als ein ‚Nur-Trockenfischer‘. Den sichersten Nachweis, mit der Naßfliege weit genug unten angekommen zu sein, finden Anfänger wie Fachmann in jenen kleinen Kraut-, Algen- und Mulmresten, die bei der obligatorischen Überprüfung der Hakenspitze zu finden sind und natürlich entfernt werden müssen. Häufen sich diese ‚Beifänge‘, wird die nächst leichtere Kombination von Leine und Vorfach genommen.

70

Konkrete Anleitungen zur Erstellung einer Leinen-Vorfachkombination an dieser Stelle zu geben, ist unmöglich. Zu vielschichtig und unterschiedlich sind die speziellen Voraussetzungen der Gewässer, an denen der Flugangelsport ausgeübt wird. So kann in einer flachen, aber mäßig strömenden Partie eine Schwimmleine (!) mit einem leicht bestückten Vorfach die ideale Zusammenstellung sein. Ein paar Meter weiter aber, wo die Strömung von beiden Ufern zusammengepreßt wird und an Fahrt und Tiefe gewinnt, hilft nur noch der nach Abb. 29 speziell hergerichtete Schußkopf mit Bleiseele. Der Naßfischer wird also anfangs nicht ums Probieren herumkommen, und ein permanentes Wechseln der verschieden bespulten Rollen gehört eigentlich zum Alltag. Dennoch gibt es Freunde, die aus purer Faulheit den Rollenwechsel hinauszuzögern versuchen, indem sie sich so lange wie möglich in einem bestimmten Abschnitt des Gewässers aufhalten. Das hat zur Folge, daß sie diesen Flußteil mit der Fliege viel intensiver bestreichen. Zur Lobpreisung eben dieser Faulheit sei allerdings eingestanden, daß sie mit ihrer bedächtigen Art oft die besseren Fänge machen.

Dem Neuling auf dem Gebiet der Naßfliegenfischerei kann dennoch eine Geräte-Kombination für den Anfang empfohlen werden, die zweifellos zu den ersten Erfolgen führen wird. Rute mindestens 2,70 m lang, mit starkem Rückgrat und für die Klasse 7–8 bestimmt. Eine Sink-Tip-Leine der Klasse 5–6, bei der die ersten 3 m mit mittlerer Geschwindigkeit absinken, wobei der Verfasser eine DT der WF vorzieht. Einen ersten Überblick kann sich der Leser anhand von Tabelle 2 auf Seite 55 verschaffen, die selbstverständlich nur einen kleinen Ausschnitt aus dem großen Angebot auf diesem Sektor darstellt. Sicher wird sich der Anfänger nicht gleich an extremen Flußstrecken versuchen wollen, und so kann er, indem er in flacheren Partien auf kurze Distanz fischt, dabei im Tiefen mehr Leine gibt, die Höhenunterschiede einigermaßen ausgleichen. Der Austausch eines mittelschweren und sehr schweren Vorfachs unterstützt ihn dabei. Doch nun zu den einzelnen Stromabmethoden.

Um möglichst ungehindert stromab fischen zu können, muß gewatet werden. Ist das über die ganze Flußbreite möglich, und werden in diesem gesamten Bereich fangbare Fische vermutet, dann gibt es die Wahl, dieses Gebiet entweder geistig in Planquadrate einzuteilen und diese intensiv unter die Lupe zu nehmen oder sie rein intuitiv abzufischen. Im Normalfall wird nahe dem diesseitigen Ufer begonnen und nach und nach querab zum jenseitigen Ufer hinübergewatet. Vornehmlich ‚heiße' Stellen geht der Fischer gesondert an und befischt sie intensiver aus sicherer Distanz. Eins sollte der Naßfischer aber niemals unterlassen, nämlich den beiden Uferbereichen seine ganz besondere Aufmerksamkeit zu schenken. Denn kaum eine zweite Angelart ist so geeignet wie das Fischen mit der versunkenen Naßfliege, einen kapitalen Salmoniden aus seinem Unterschlupf herauszukitzeln. Aber Achtung! Im unmittelbaren Uferbereich herrschen ähnliche physikalische Gesetze wie am Gewässerboden. Die Strömung verringert sich hier infolge Reibung an den Unebenheiten.

Zur Uferbefischung watet der Angler etwa 3 m ins Wasser und wirft die Fliege eine größtmögliche Entfernung direkt stromab. Danach schwenkt er die Rute rechtwinklig zum Ufer hin und wartet so lange, bis er meint, daß die Fliege herumgetrieben ist und sich ebenfalls in unmittelbarer Nähe des Ufers befindet. Jetzt holt er sie, je nach den Umständen langsamer oder schneller, mit mehr oder weniger starken Rucken wieder ein (Abb. 27). Das ist eine relativ einfache Methode und erinnert

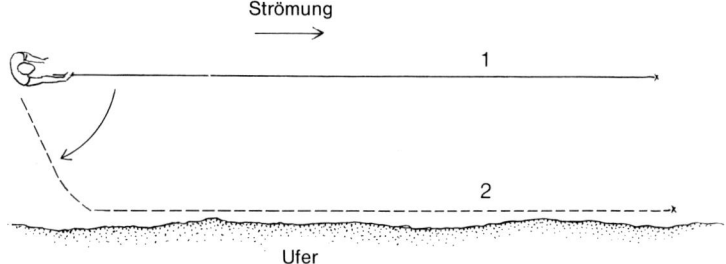

Abb. 27. Stromabwurf bei Uferbefischung. 1: Fliege ist direkt stromab geworfen; 2: Rute und Fliege sind in Ufernähe

an Lehrbücher, Kapitel Naßfliegenfischen. Nur wurde dort das Führen der Naßfliege mit Schwimmleine, dicht an der Oberfläche, erklärt. Jetzt, mit beschwerter Ausrüstung, entwickelt sich allerdings ein etwas anderes Feeling. Die Leine zieht stärker während der Einholphase. Der Fischer muß bedacht sein, die Fliege möglichst nahe längs der Uferkante zu führen, und wenn ein Fisch zuschnappt, sollte auf Biegen und Brechen versucht werden, ihn daran zu hindern, in irgendwelche Hohlen, Unterstände, Wurzelstühle und dergleich zurückzufahren. Denn da wäre er für uns verloren. Dieser Ratschlag ist nicht billig. Mit einer 20er Vorfachspitze kann man sich aber schon etwas Unnachgiebigkeit erlauben und den Fisch, bevor er nach der ersten Schrecksekunde kapiert, was ihm widerfahren ist, vom Ufer fort in die volle Strömung ziehen.

Es gibt noch eine zweite, wenn nicht bessere Form der Uferabfischung. Sie ähnelt der ersten und spielt sich nur in umgekehrter Folge ab. Der Fischer bringt dazu die Fliege so kurz wie möglich vor die Rutenspitze und läßt sie mit der Strömung längs der Uferkante abtreiben, indem er die Leine von der Rolle zieht und nachgibt. Hierbei gerät die Nasse dem Fisch so unverdächtig wie eben nur möglich ins Gesichtsfeld. Bei dieser Methode sollte aber nichts überstürzt werden und die Fliege möglichst langsam ihres Weges dahinzockeln.

Wenden wir uns nun dem Flußbereich zu, der zwischen den beiden Ufern liegt. Hier gibt es mit grundtief geführter Fliege die überraschendsten Begegnungen. Der erste Wurf, angenommen 9 m, geht schräg links stromab (oder schräg rechts). Jetzt werden die paar Meter Leine gemendet, die während der Absinkphase zusätzlich von der Rolle gezogen wurden und abgetrieben sind, abschließend die Rute seitlich vom Körper abgehalten (Abb. 28). Meint der Fischer, die Fliege sei bis dicht überm Grund abgesunken, schwingt er die Rute, immer in waagerechter Haltung, ganz langsam mit der Rückhand in einem Halbkreis zur anderen

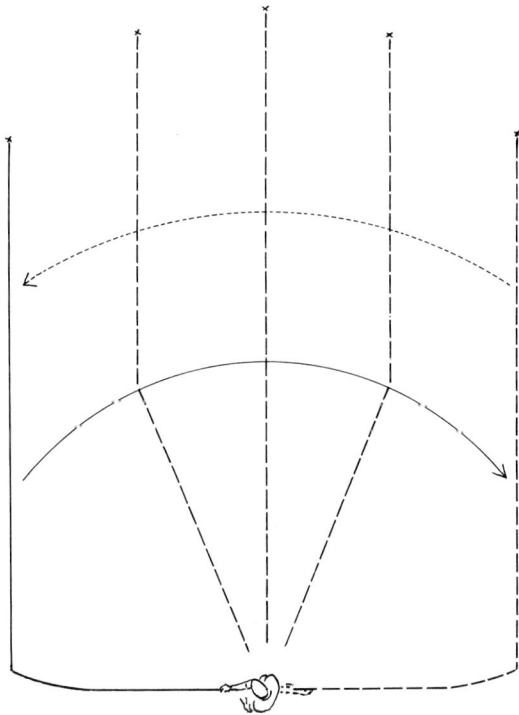

Abb. 28. Fischen im Flußbereich. Der Wurf wird links oder rechts gesetzt. Ist die Fliege zum Grund abgesunken, beschreibt die Rute sehr langsam einen Halbkreis zur anderen Seite

73

Seite hinüber (nochmals Abb. 28). Hier hält er sie so lange in rechtwinkliger Position, bis sich die Leine samt Vorfach und Fliege gerade gestreckt hat. Danach zieht der Fischer etwa einen halben Meter Leine von der Rolle, läßt ihn stromab treiben und schwingt die Rute wieder zurück nach links. Dann erneut das gleiche Maß Leine geben und die Rute kreist wieder nach rechts. Ist die Leine weit genug ausgespielt, das kann mitunter die gesamte Länge von 30 Yards (27,42 m) sein, wird die Fliege wieder eingeholt und ggf. auf anhaftende Fremdkörper überprüft. Anschließend Standplatz verändern.

Während des Fischens, also des Herumschwingens, muß die Fliege bewegt werden. Das kann von leichtem Zittern der Rutenspitze, mehr oder weniger starken Rucken, bis hin zu meterlangen Fluchten der Fliege gehen. Der Variationen bieten sich da viele, und der Angler wird es meist schnell heraushaben, mit welchen Reizbewegungen er die Fische zum Anbiß anstacheln kann.

Eine andere, ebenfalls sehr wirksame Taktik, ist das Zutreibenlassen der tiefversunkenen Fliege auf ganz bestimmte Standplätze, wie z. B. Rinnen, Pockets, Felsblöcke, versunkene Baumstämme, Geschwemmsel und dergleichen. Man wirft die Fliege nur so weit aus, daß sie erst einmal absinken kann, und läßt sie dann durch Nachgeben von Leine auf den brisanten Punkt zutreiben. Dieser Trick wurde schon manch altem Einsiedler zum Verhängnis. Aber Vorsicht beim Nachlassen der Leine! Geschieht dies zu schnell, schleift die Fliege über Grund. Sollte das Wasser aber zu tief und zu schnell sein, dann ist schnelleres Leinegeben eine gute Möglichkeit, die Fliege weit genug hinunterzubringen. Auch bei dieser Methode sollte der Eigenbeweglichkeit der Fliege durch ganz bestimmte Rutenbewegungen etwas nachgeholfen werden.

Das Fischen mit der tief geführten Naßfliege ist demnach relativ leicht zu erlernen, sofern es der Angler nur versteht, die Fliege mit Hilfe einer richtig zusammengestellten Gerätekombination in die Bodenregion des Fließgewässers hinabsinken zu lassen. Sollte sich aber einmal selbst schwerstes Geschirr als noch zu leicht erweisen, stellt sich der Fischer weit genug oberhalb der zu befischenden Stelle ein und läßt die gesamte Leine, also bis zum Backing, heraus. Denn je weiter die Leine im Wasser hängt, um so tiefer sinkt auch die Fliege hinab. Keine Sorge! Der Fisch, der beißt, sitzt sicher am Haken, sofern nur eine der harten Fischerei angepaßte Rute mit entsprechendem Rückgrat verwendet wird.

Nicht alle Fließstrecken erlauben es, zu waten. Es muß vom Ufer aus gefischt werden. Zwar läßt sich das Tieffischen stromab am besten und ungestörtesten im Wasser stehend ausüben. Es kann jedoch notfalls auch vom Ufer aus vor sich gehen. Allerdings mit der kleinen Einschränkung, auf den schönen, großen Halbradius, der bei der Watfischerei bestrichen wird, verzichten zu müssen. Der Wurf wird schräg stromab gesetzt. Anschließend werden ein paar Meter Leine von der Rolle gezogen und gemendet, damit die Fliege schneller absinken kann. Dann spannt der Fischer mit Gefühl die Leine und läßt die Fliege wieder unter Reizbewegungen zum Ufer herumtreiben. Besteht die Gefahr, die Fliege könnte den Grund nicht erreichen, zusätzlich Leine nachgeben, ohne jedoch den Kontakt mit der Fliege zu verlieren. Ist die Fliege zum Ufer herumgeschwungen, wird sie längs dazu wieder eingeholt. Jetzt wurde also der Grundbereich und dazu noch die Uferregion befischt.

Die gesamte Tieffischerei mit großen Naßfliegen bietet die sicherste Gewähr, über kurz oder lang mit einem der Kapitalen zusammenzustoßen, die jedes Gewässer beherbergt. Sie ist das ganze Jahr hindurch brauchbar und während der Hundstage genauso erfolgversprechend wie bei bitterkaltem Winterwetter. Selbst bei Hochwasser und Trübung, mit einer Sichttiefe von weniger als 30 cm, ist der Tag noch zu retten, an dem das Fischen mit irgendeiner hochgeführten Fliege sinnlos wäre.

Die Brooks-Methode

Charles E. Brooks ist ein bekannter amerikanischer Fliegenfischer. Nach seinem Ausscheiden als Luftwaffenoffizier des II. Weltkrieges diente er zunächst als Ranger im Yosemite National Park, an dessen Gewässern er sich eifrig dem Studium der Unterwasserfauna widmete, die er bei gelegentlichen Exkursionen durch andere Gebiete der USA, durch Kanada, Alaska und Afrika noch vertiefte. Als er das Rentenalter erreichte, ließ er sich in West Yellowstone, Montana, nieder, an den besten Salmonidenflüssen der Staaten, wie er behauptete. Hier ging er im wahrsten Sinne des Wortes den Dingen auf den Grund, nämlich mit Tauchermaske und -anzug.

Er fand heraus, daß am Boden selbst der reißendsten Gewässer eine gemäßigte Strömung, ja manchmal sogar vollkommener Stillstand der Wasserbewegung herrscht. In diesen manchmal nur handhohen, von donnernden Wassermassen ständig überwälzten Bereichen gibt es ein reiches Larven- und Nymphenvorkommen. Davon profitieren die Forellen, starke Forellen, die, dicht an den Grund gedrückt, um nichts in der Welt in das Inferno der höheren Wasserschichten aufsteigen würden.

Warum sollten sie sich auch auf diesen kräftezehrenden Leichtsinn einlassen, wo sie doch alles, was das Herz begehrt, leichter und bequemer hier unten finden. In diesen Zonen fühlen sie sich wohl und geborgen, vom Angler ungeahnt und unerreichbar.

Unerreichbar, bis Brooks kam, sah und siegte. Mit einer Taktik, die mehr von Zweckmäßigkeit als von Eleganz und Stil geprägt war. Mit einer extrem schnell sinkenden Leine, einem 1,50 m langen Vorfach und beschwerten Fliegen rückte er den Kapitalen zuleibe, und zwar mit Erfolg, wie viele namhafte amerikanische Fliegenfischer, die diesen Spezialisten besuchten und seine Methode nachexerzierten, bestätigten. Brooks fischte mit großen, beschwerten Fliegen, die er Nymphen nannte, die größtenteils aber alle Merkmale der Naßfliege aufwiesen. Nun, wir wollen nicht kleinlich sein, wenn es um Form und Benennung unserer Fliegen geht. Sind doch gerade zwischen Nassen und Nymphen die Grenzen oft sehr fließend gezogen und eigentlich erst seit Skues von seinen Jüngern und Aposteln mit asketischer Strenge herausgearbeitet worden.

Nun liegen die Verhältnisse in Amerika anders als bei uns. Die Flüsse, auf die Brooks seine Fliegenführung abgestimmt hat, weisen fast alle rauhen, steinigen Untergrund auf. Außerdem sind sie unbelastet und nahrungsreich. Auch sind sie weniger stark befischt als die Gewässer im alten Europa. Und sie haben ein höheres Potential an kapitalen Fischen. Dennoch lohnt es sich auch hierzulande, an schnellen, von Fischen scheinbar unbelebten Strecken einmal mit Hilfe der Brooks-Methode ‚anzuklopfen‘. Gewiß wird dem einen oder anderen, der nicht gleich die Geduld verliert, freudige Überraschung zuteil. Neben der zuvor schon erwähnten extrem schnell sinkenden Leine kann man sich auch noch einen schweren Schußkopf mit Bleiseele präparieren, den man am besten an einer ausrangierten Sinkleine befestigt (Abb. 29). Das ist zwar ein schweres Geschütz, das wir da aufzufahren gedenken. Weil der Angler aber eine relativ starke Rute führt und bei der Brooks-Methode keine

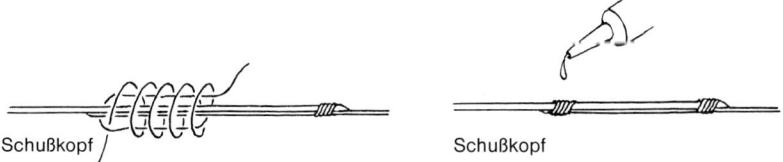

Schußkopf   Schußkopf

Abb. 29. Schußkopf mit Bleiseele. Mit zwei verknoteten Teilen Monofil werden Schußkopf und Leine miteinander verbunden. Schnittstellen und Knoten lassen sich mit ‚UHU plus endfest 300‘ absichern

76

allzu weiten Würfe zu machen braucht, ist dieser Eigenbau eine zusätzliche Hilfe, die Nasse selbst noch in reißenden Strecken so schnell wie möglich hinunter zum Grund zu bekommen. Wie die Brooks-Methode abläuft, zeigt Abb. 30.

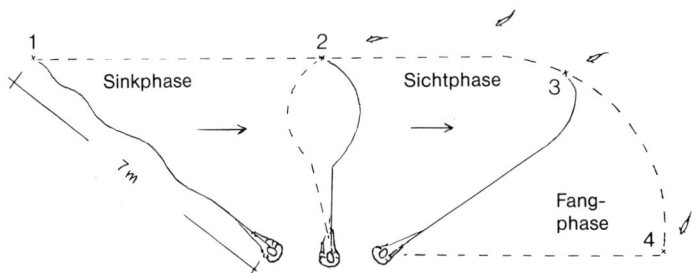

Abb. 30. Die Brooks-Methode. 1: Einfallpunkt der Fliege; 1–2: Sinkphase der Fliege; 2: Leine menden; 2–3: Die Fliege hat jetzt den Grund erreicht und tritt in das Gesichtsfeld des Fisches; 3–4: In dieser Phase wird die Fliege vom Fisch angenommen

Erläuterungen zu Abb. 30: Bei der Brooks-Methode wird mit einer relativ kurzen Leine gefischt, die Fliege fast stromauf geworfen. Sobald sie auf den Angler zurücktreibt, nimmt er mit der Fließgeschwindigkeit des Wassers die Rutenspitze hoch, so daß die überschüssige Leine der Strömung keine Angriffsfläche bietet, sondern in der Luft hängt (1–2). Dieser Abschnitt ist gleichzeitig die Sinkphase der Fliege. Die Fliege driftet somit sehr nahe am Fischer vorbei, der in dieser Position die Rute fast senkrecht nach oben hält (Position 2). Ist dieser Punkt überschritten, wirft unser Mann die nach oben durchhängende Leine stromauf, mendet also. In diesem Augenblick muß die Fliege den Gewässergrund erreicht haben und ins Blickfeld der Fische geraten (2–3). Ist Punkt 3 erreicht, hat der Angler seinen Arm mit der Fliegenrute fast waagerecht in Richtung Fliege gestreckt und läßt sie von 3 nach 4 herumschwingen. In diesem Abschnitt gibt es die Bisse. Ist diese Strecke ausgefischt, zieht man einen weiteren halben Meter Leine von der Rolle und erweitert seinen Stromaufwurf (Punkt 1) um diese Länge. Es darf aber keinesfalls weiter querab gefischt werden, sondern die dazugegebene Länge wirkt sich nur in der Endphase der Partie (3–4) aus. Man kann so nach und nach die Leine, Entfernung Angler–Fliege, bis auf etwa 12 m verlängern. Danach Standplatzwechsel. Die Brooks-Methode läßt sich auch hervorragend vom Ufer ausüben.

77

Naßfliegenfischen in stehenden Gewässern

Das Flugangeln in stehenden Gewässern, die sogenannte Stillwasserfischerei, ist eine wundervolle Betätigung, die ich jahrelang betrieben habe. Nur haben in letzter Zeit in meinen heimatlichen Gefilden derartig ungünstige Populationsverschiebungen stattgefunden, daß sich hier in absehbarer Zeit ein gezieltes Fliegenfischen auf Salmoniden, vor allem aber auch auf meinen ganz speziellen Freund, den Döbel, kaum noch lohnt. Das ist schade, zumal kein zweiter Fliegentyp für Weiher, See und Talsperre so sehr geeignet ist wie die Nasse. Deshalb weiche ich hin und wieder mal nach Irland aus, wo das Stillwasserfischen schon seit eh und je in hoher Blüte steht, bis daheim wieder bessere Tage ins Land ziehen.

Hier soll allerdings noch einmal der hohe Sport gelobt werden, der mit der künstlichen Fliege an geeigneten Gewässern zu erwarten ist. Vielleicht versucht es der eine odere andere Leser doch mit der Naßfliege mal an diesen, sich vom Fließwasser so stark unterscheidenden Biotopen.

Näher auf die Taktik und Technik des Fliegenfischens in stehenden Gewässern möchte ich hier jedoch nicht eingehen. Dieses Thema ist in meinen Büchern ‚Fliegenfischen für Anfänger‘, ‚Fliegenfischen für Fortgeschrittene‘ und ‚Meisterhaftes Fliegenfischen‘, alle erschienen im Verlag Paul Parey, erschöpfend behandelt worden. Wer also näher in diese Materie einsteigen will, dem seien die drei genannten Werke mit ihren ganz speziellen Abhandlungen ans Herz gelegt. Weitere Fliegen für die Stillwasserangelei sind in dem späteren Kapitel ‚Reiz- und Phantasiefliegen‘ aufgeführt.

Teil II

Die Naßfliege und ihre Bestandteile

Der Erfolg beim Naßfischen hängt, wie die vorhergehenden Kapitel gezeigt haben, ganz wesentlich vom Gebrauch wirksamer Fliegen ab. Wer sich aber als Fachmann das kommerzielle Naßfliegenangebot auf dem kontinentalen Festland ansieht, stößt immer wieder auf die gleichen Muster, etwa ein Dutzend an der Zahl. Das ist bitterwenig, wenn man bedenkt, daß mit der Naßfliege nicht nur sehr viele, sondern oft gerade auch die schwersten Fische zu fangen sind. Dabei stellt die Naßfliege mit ihrer Vielfalt an traditionellen wie neueren Mustern ein schier erdrückendes Angebot dar. Es gibt zwischen Wasseroberfläche und Grund kein Kleinlebewesen, das zu imitieren sie nicht imstande wäre, und Trockenfliege und Nymphe schwimmen da seit Halford und Skues mächtig in ihrem Kielwasser mit.

In diesem Teil des Buches werden zahlreiche mehr oder weniger bekannte Naßfliegen beschrieben, dazu ihre Materialien und einige spezielle Bindetechniken. Dabei kann nicht immer auf die englische Nomenklatur verzichtet werden. Zunächst ein Blick auf den Aufbau einer geflügelten Naßfliege (Abb. 31). Dann folgen ihre vielfältigen Formen (Zeichnungen, Übersicht 1 und 2).

Im Gegensatz zur Trockenfliege, bei der die Materialien relativ steif und wasserabweisend sein müssen, sind die Körperteile einer Naßfliege

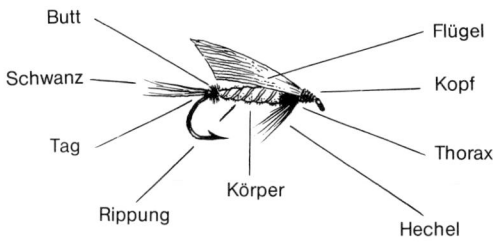

Abb. 31. Zusammensetzung einer Standard-Naßfliege

Übersicht 1

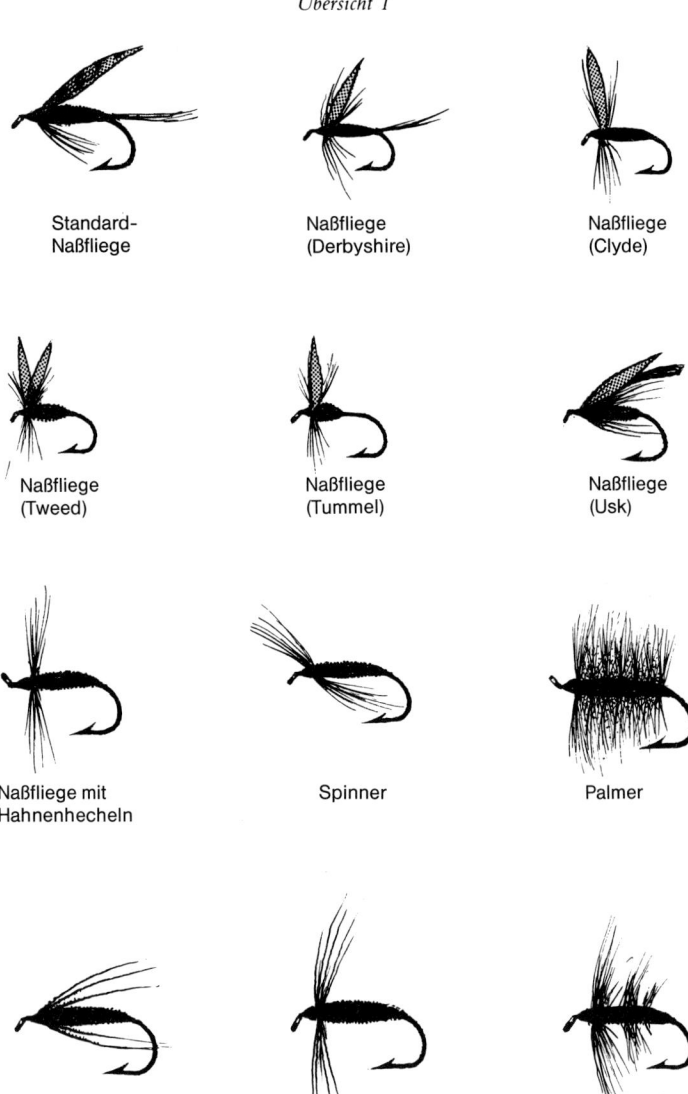

Standard-
Naßfliege

Naßfliege
(Derbyshire)

Naßfliege
(Clyde)

Naßfliege
(Tweed)

Naßfliege
(Tummel)

Naßfliege
(Usk)

Naßfliege mit
Hahnenhecheln

Spinner

Palmer

Nymphe

Ertrinkende Dun

Emerger

Übersicht 2

Daddy-Long-Legs   Blue Bottle   Knotted Midge   Red Ant

Köcherfliegen-
larve

Köcher-
fliegen-
puppe

Köcherfliege
(Sedge)

Mücken-
puppe

Corixa

Käfer
(Beetle)

Raupe
(Caterpillar)

Palmer
mit Schwanz
(Zulu)

Black and Peacock
Spider

Spey Spider

Chenille-
Raupe

Reizfliege
(Peter Ross)

81

weich, elastisch und oftmals sehr saugfähig. Sie muß ins Wasser eintauchen und Leben zeigen. Sie reizt den Fisch durch die mehr oder weniger große Eigenbeweglichkeit ihrer Hecheln, Flügel, Schwanzfäden und des Dubbingkörpers. Dazu kommen noch Licht-, Farb- und Glitzereffekte. Die verwendeten Bindematerialien sind so ausgewählt oder behandelt, daß sie der Fliege keinen Auftrieb geben, sondern sie, je nach Aufbau, aus dem Wasseroberflächenfilm bis hinunter in die tiefsten Wasserschichten absinken lassen. Eine entscheidende Rolle spielen hierbei auch Form, Gewicht und zusätzliche Beschwerung von Haken und Vorfach.

Die Haken für die Naßfliege

Noch zur Mitte des 19. Jahrhunderts, als Halford, der später die gesamte Gilde bewegen sollte, ein kleiner Bub war und die Naßfliegenfischerei noch konkurrenzlos in voller Blüte stand, waren die Fliegenhaken von grober, schwerer Beschaffenheit. Was eine Trockenfischerei im heutigen Sinne damals wohl erheblich erschwert hätte. Der klassische Naßfliegenhaken zeigt auch heute noch ähnliche Eigenschaften wie dazumal: Starker Draht, hohes Gewicht und etwas gedrungene Form. Neben diesem durchaus noch akzeptablen Typ, der sich mit diversen Bleibeschwerungen besonders gut für schnelles Absinken und extremen Tiefgang präparieren läßt, ist gegenwärtig, je nach Zweck und Ziel, auch jeder Trockenhaken verwendbar. Ausgenommen lediglich Yorkshire-Flybody-Haken oder Nymphenspezialitäten wie z. B. Draper oder Keel. Der Fliegenhaken läßt sich, wie erwähnt, noch zusätzlich mit speziellem Bleidraht beschweren. Art und Menge richten sich nach den angepeilten Taucheigenschaften. Man kann dies bei leichten wie schweren Haken

Abb. 32. Einige Möglichkeiten, eine Beschwerung mit Bleidraht anzubringen

praktizieren. Die vielfältigen Variationsmöglichkeiten bleiben dem Flugangler selbst überlassen (Abb. 32). Sie sind bei modernen wie bei klassischen Fliegenmustern anwendbar. Es empfiehlt sich, für die verschiedensten Gelegenheiten eine Reihe von Fliegenhaken mit unterschiedlichsten Bleikombinationen vorzubereiten, wobei die Wickelungen, wie beim beschwerten Vorfach, mit dem Plastikkleber UHU plus endfest 300 dauerhaft versiegelt werden.

Die Hecheln

Die Hecheln der Naßfliege müssen weich, geschmeidig sein, denn sie sollen in Wasser und Strömung ein Höchstmaß an Beweglichkeit entwickeln. Ihre Aufgabe ist es ja, all die Beinchen, Füßchen und Ruderwerkzeuge der verschiedensten, sich im Wasser bewegenden Kleinlebewesen nachzuahmen. Ihr Material stammt zu einem großen Teil von freilebenden oder jagdbaren Vögeln (game birds) oder von Hennenbälgen (Henne = hen). Für manche Zwecke sind Hahnenskalps (Hahn = cock) minderer Qualität sehr brauchbar, da ihre Fibern der besonderen Steifheit, die die Trockenfischerei verlangt, entbehren. Hühnerhecheln sind auch gefärbt erhältlich.

Das Rebhuhn, früher fast auf jedem Acker beheimatet, ist unter der Geißel der Insektizid-Anwendung recht selten geworden. Da es für die Naßfischerei ein sehr wichtiger Federlieferant ist, sollte sich der Fliegenbinder beizeiten mit einem entsprechenden Vorrat eindecken. Beim Rebhuhn (partridge) ist fast jede Feder zu gebrauchen (Abb. 33), und was man nicht als Hechel verwenden kann, dient immer noch als Flügel- oder Schwanzmaterial. Neben den Haus- und Rebhühnern sind noch etliche andere Vögel interessant, die mit ihren Bezeichnungen und den von ihnen beigesteuerten Zutaten in den späteren Bindeanleitungen immer wieder auftauchen werden. Sie alle sind brauchbare Feder- und Hechellieferanten. Hier die wichtigsten mit den englischen Fachbezeichnungen: Jagdfasan (ring neck pheasant), Schottisches Moorhuhn (grouse), Hausente (duck), Stockente (mallard), Stockerpel (mallard drake), Krickente (teal), Truthahn (turkey), Pfau (peacock), Star (starling), Amsel/Schwarzdrossel (blackbird), Teichhühnchen (waterhen), Bläßhuhn (coot), Waldschnepfe (woodcock), Bekassine (snipe), Fischreiher (heron), Eule (owl), Strauß (ostrich), Krähe (crow), Gans (goose), Eichelhäher (jay), Elster (magpie)

Mit dieser Übersicht und der später folgenden englischen Nomenklatur ist der Fischer bei eventuellen Engpässen in der Lage, sich notfalls auch über den britischen Fachhandel mit derartigen Materialien versorgen zu können. Ansonsten sind die hiesigen Fachgeschäfte im allgemeinen recht gut sortiert. Außerdem ist es sehr nützlich, sich des Wohlwollens irgendeines Waidmannes zu versichern, der mit einer immensen Auswahl an Federn aufwarten kann. Aber auch beim Autofahren erregt längs der Landstraßen so manches gefiederte Verkehrsopfer die Aufmerksamkeit des Fliegenfischers. Ein paar Plastikbeutel, ebenso Messer, Schere und Seitenschneider, sollten ihren Platz im Wagen haben. Selbst wenn von den armen Kreaturen Körperteile deformiert sind – sicher ist ein solcher Anblick nicht jedermanns Sache –, darf man die Flügel nicht außer acht lassen, denn gerade unter den Schulter-, Rand- und Deckfedern befinden sich ganz vortreffliche Hechelfedern (siehe auch Abb. 33, Flügelskizzen). Leser, die aus dem nun folgenden Abschnitt des Buches

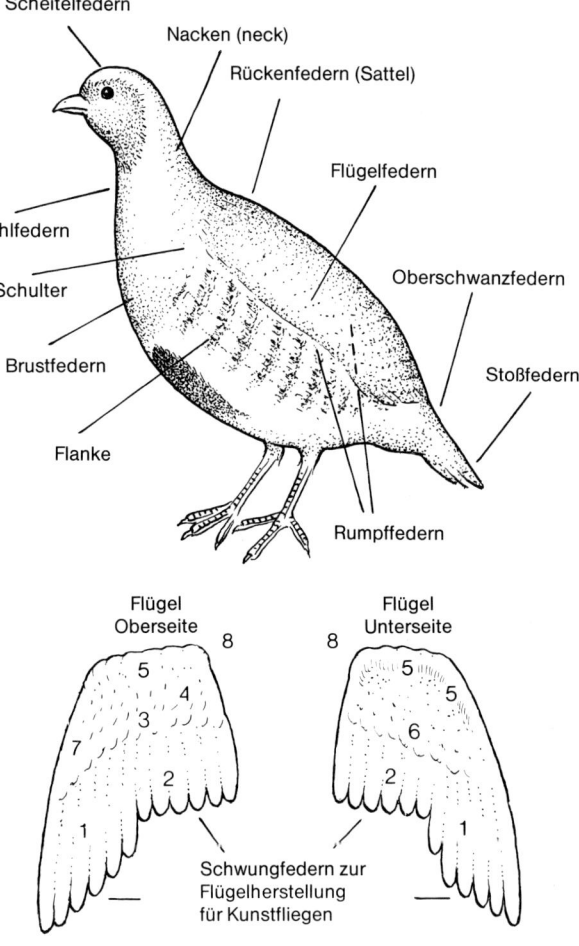

Abb. 33. Herkunft der zum Binden von Naßfliegen benötigten Flügel-, Hechel-, Schwanz- und Körperfedern am Beispiel eines Rebhuhns. 1: Primärfedern; 2: Sekundärfedern; 3: große Deckfedern; 4: kleine Deckfedern; 5: Randfedern; 6: Unterdeckfedern; 7: Vorflügel (Handdecke), 8: Schulter

praktischen Nutzen ziehen wollen, sollten bereits Erfahrungen als gestandene Fliegenbinder besitzen. Denn ein Fliegenbindebuch im herkömmlichen Sinne kann und soll das vorliegende Werk nicht sein. Was die nachfolgenden Seiten vermitteln, sind ein paar ganz spezielle Arbeitsgänge der Naßfliegen-Bindetechnik, die in den übrigen deutschsprachigen Fachbüchern kaum oder nur andeutungsweise behandelt wurden. Sie sind vor allem auf die am Schluß dieses Buches vorgestellten Muster abgestimmt und berücksichtigen dabei weniger bekannte Kniffe und Griffe der Naßfliegen-Bindetechnik.

So werden bestimmte Hechelfedern bei bestimmten Mustern, entgegen dem Gewohnten, mit der Spitze am Haken angewunden (Abb. 34a). Eine Ausnahme aber macht u. a. die Kopfhechel des Palmers, die mit dem Federschaft festgelegt wird (Abb. 34b). Ein solches Anlegen der

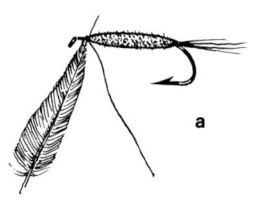
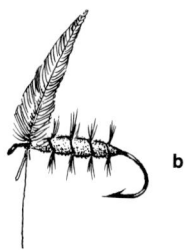

Abb. 34. Die Naßhechel wird mit der Spitze eingebunden (a); nur die Kopfhechel eines Palmers wird am Federschaft festgelegt (b)

hauptsächlich von Wildvögeln stammenden Naßhecheln ist deswegen so wichtig, weil letztere einen sich nach unten verdickenden, sehr starken und schwer biegsamen Kiel besitzen. Die Spitze ist weitaus elastischer und unproblematischer um den Hakenschenkel zu winden. Auch lassen sich auf diese Weise nach jeder Windung die Fibern besser nach hinten streifen, so daß die Hechel etwas nach rückwärts geneigt auf dem Haken sitzt. Dieser Effekt kann durch das sogenannte ‚Doppeln‘ noch verstärkt werden (Abb. 35). Der Trick stammt übrigens aus der traditionellen Lachsfliegenbinderei. Mit seiner Hilfe haben die alten Meister ihre sogenannten Shoulder – oder Throat Hackles – präpariert.

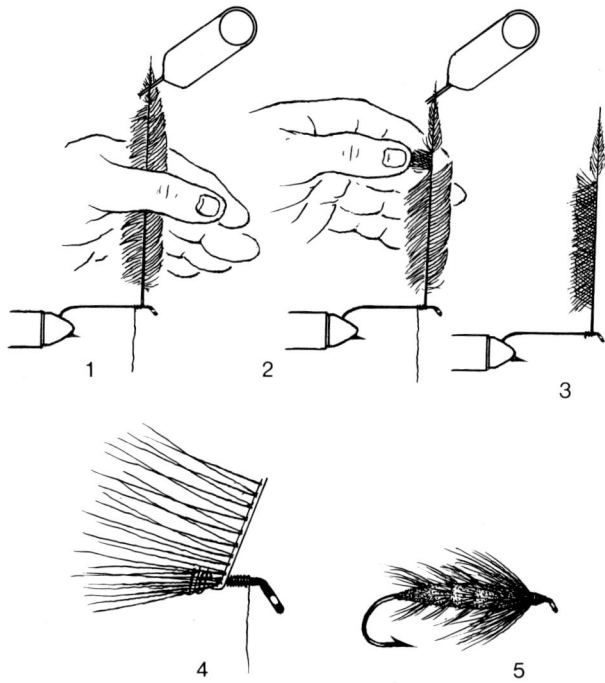

Abb. 35. Das ‚Doppeln' einer Hechelfeder. 1: Die an Spitze oder Schaft eingebundene Hechelfeder wird mit der Hechelzange gefaßt; 2: Mit Daumen und Zeigefinger werden die Fibern nach hinten gestreift (gedoppelt); 3: Die fertig gedoppelte Hechel; 4: So wird die gedoppelte Hechel um den Hakenschenkel gewunden; 5: Die Hechelfibern einer gedoppelten Feder stehen deutlich nach hinten

Die Herstellung von Fliegenkörpern

Die Körpermaterialien von Naßfliegen sind sehr vielfältig. Am bekanntesten sind etwa Federfibern von Fasan (pheasant), Krähe, Rebhuhn oder Wassergeflügel sowie die längeren Fiberstränge z. B. vom Pfau (peacock herl), Reiher (heron herl) oder Strauß (ostrich herl). Ferner Seide (silk oder floss), Wolle (wool), Pferdehaar (horse hair), Chenille, Lametta (tinsel), Naturbast gefärbt und ungefärbt, Mohair und Federkiele. Aber auch die neueren synthetischen Stoffe, wie etwa Polypropylen, künstlicher Bast (artificial raffia), Dexion und Latex sollte der moderne Naßfliegenbinder nicht ganz übergehen, selbst wenn diese schwimmfähig sind. Denn derartige Eigenschaften lassen sich besonders bei gedubbten Naßfliegen, die unmittelbar unter der Wasseroberfläche Verwendung finden sollen, sehr günstig ausnutzen.

Und hiermit wären wir schon beim Dubben von Fliegenkörpern angelangt, einem Arbeitsvorgang, der beim Binden der Muster in vielen Dingen wesentlich von den Prinzipien des Trockenfliegen-Dubbens abweicht. Ist nämlich bei letzterem ein dichter, luftspeichernder, selbsttragender Körper ein unumstößliches Gebot, so wird von einem gedubbten Naßfliegenkörper genau das Gegenteil verlangt. Er soll wasser-, vor allem Dingen aber lichtdurchlässig sein. Darum muß der Fliegenbinder stets darauf hinarbeiten, die gedubbten Fliegenkörper immer schön duftig und zart, niemals zu dicht zu formen. Wie das geschieht, folgt weiter unten.

Ein Großteil der Naßfliegen besitzt einen gedubbten Gesamtkörper oder Thorax. Nicht selten wird bei solchen Mustern über zuvor aufgebrachte Körperseide gedubbt. Der Dubbingfaden hat meist die gleiche Couleur wie diese Seide oder das Dubbing. Bei verschiedenen Mustern wird anschließend der Körper noch mit diversen Metalldrähten oder Bindefäden gerippt. Das bei diesen Arbeitsgängen zwangsläufig eingeklemmte Dubbingmaterial wird mit Hilfe der Dubbingnadel anschließend sorgfältig wieder hervorgezupft.

Die Mehrzahl der noch heute verwendeten Dubbingmaterialien blickt auf eine jahrhundertalte Tradition und oftmals recht abenteuerliche Herkunft ihres tierischen Spenders zurück. Es handelt sich hierbei durchweg um Tierhaare und -felle sowie um die dichte Unterwolle verschiedener Pelze. Aber auch die neueren synthetischen Stoffe sind für die gegenwärtige Naßfliegenbinderei interessant. Einen Klassiker unter den Dubbingmaterialien stellt das Seehundhaar (seal) dar. Es ist wohl die für diesen Zweck in der Naßfliegenbinderei am meisten verwendete Substanz. Seehundhaar gibt es in vielen Farben, die außerdem zu den verschiedensten Zwischentönen vermischt werden können. Fliegenbinder großen Stils benutzen für derartige Mixturen eine Propellerkaffeemühle, in die sie die kurzgeschnippelten Härchen eingeben, um auf diesem Wege das herrlichste Farbgemisch hervorzuzaubern. Doch wer sich fürs kommende Wochenende ein halbes Dutzend Fliegen vorbereitet, wird auch mit Hilfe der Finger eine zufriedenstellende Nuancierung zusammenmengen.

Neben dem Oldtimer Seal werden für den Dubbingprozeß noch eine ganze Menge anderer Tierhaare verarbeitet, die sich zumeist miteinander

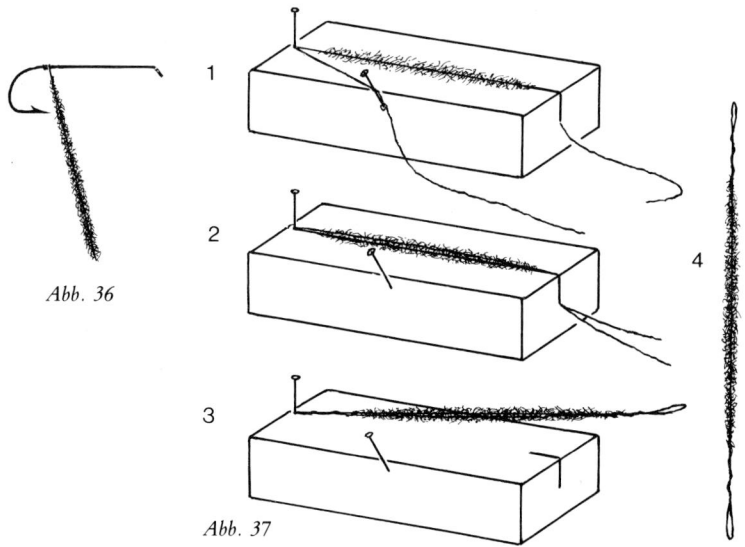

Abb. 36

Abb. 37

Abb. 36. Die einfachste Dubbingmethode ist das direkte Anspinnen des Dubbings an den Bindefaden, die sich jedoch nur für kleine Hakengrößen empfiehlt. – *Abb. 37.* Arbeitsprinzip eines Dubbingblocks. 1: Der gutgewachste Faden läuft um einen Stift unter dem Dubbingmaterial her. Eines seiner Enden ist in einem Schlitz fixiert, das andere um einen zweiten Stift geschlungen. 2: Nach dem Auslegen des Dubbingmaterials wird die andere Fadenhälfte darüber gelegt und ebenfalls in den Schlitz gezogen. 3: Beide Fadenenden werden jetzt zusammengefaßt und miteinander verzwirnt. 4: Der verzwirnte Roh-Dubbingkörper

vermischen lassen. Berühmt ist das sommerrote Fell zwischen ‚Meister Lampes' Löffeln (hierzulande wegen der Schonzeit nur von Unfallhasen zu bekommen), das für die berühmte Gold Ribbed Hare's Ear und ähnliche Muster gedacht ist. Desgleichen ist die Gesichtswolle des braven Ackerbürgers, hare's mask = Hasenmaske, für eine Reihe nicht weniger bekannter Fliegen sehr gefragt. Ferner verwendet man u. a. Maulwurf (mole), Opossum, Biber (beaver), Bisamratte (musk rat), Wasserratte (water rat), Fuchs (fox), Marderarten (mink), Wiesel (weasel) und Iltis (fitchew).

Die einfachste Art, einen Dubbingkörper herzustellen, ist das Anspinnen von Fellflusen an den zuvor mit einem speziellen Wachs präparierten Bindefaden. Bei sehr, sehr kleinen Naßfliegen, so in den Größen 18 und 20, ist das durchaus noch akzeptabel (Abb. 36). Nur sind hierbei eine gewisse Fingerfertigkeit und die fachmännische Verwendung eines erstklassigen Dubbingwachses unumgänglich. Ein empfehlenswertes

Tafel 6. Oben: Dubbing-Set des Autors. Ein wichtiges Hilfsmittel zum Mischen verschiedenfarbener Haar- oder Fellflusen ist Mutters alte Kaffeemühle. – Unten: Das Zwirnen am Dubbingblock. Noch schneller geht's, wenn man die Hechelzange mit der Bohrmaschine dreht, in deren Bohrfutter ein Drahthaken gespannt wurde

Wachspräparat ist das auch im Fachhandel erhältliche ‚Overton's Wonder Wax', das in einem sehr praktischen Behältnis geliefert wird.

Ab Hakengröße 14 bis hin zu den 6er-Ungetümen bringt diese Methode jedoch kaum noch zufriedenstellende Ergebnisse. Jetzt sollte mit einer Schlinge, also einem doppeltgelegten Faden, gearbeitet werden, zwischen den das Dubbing eingeklemmt und miteinander verzwirnt wird. Hierzu benutzt der Binder am besten den hierzulande nicht allzu bekannten Dubbingblock. Wie mit diesem relativ einfach herzustellenden Gerät gearbeitet wird, zeigt Abb. 37. Weil Fliegenbinder ohnehin voller bastlerischer Ambitionen stecken, wird oft versucht, auch den Dubbingblock möglichst noch zu verbessern. Wegen der Wichtigkeit des Dubbens von Naßfliegenkörpern habe ich außerdem meinen eigenen Block gründlich photographiert. Wie er ausschaut und funktioniert, ist auf Tafel 6 zu sehen. Wenn der mit dem Dubbing verzwirnte Faden dann am Haltehaken des Blockes hängt, läßt er sich noch beliebig auszupfen. Denn meistens wird ja der Körper zu füllig gezwirnt, was in diesem Stadium weiter nicht schlimm ist. Später, an der Fliege, sollte er nach hinten, also dem Ende zu, etwas spitz zulaufen. Hierbei hilft die Schere. Ausnahme lediglich bei Spezialmustern. Wer auf rationelle Arbeitsweise Wert legt, wird sich einen Vorrat an Dubbingkörpern anlegen, die nach Art und Farbe sortiert sind. Man deponiert sie am besten auf postkartengroße, mit Schlitzen versehene Pappdeckel, die entsprechend beschriftet sind (Abb. 38).

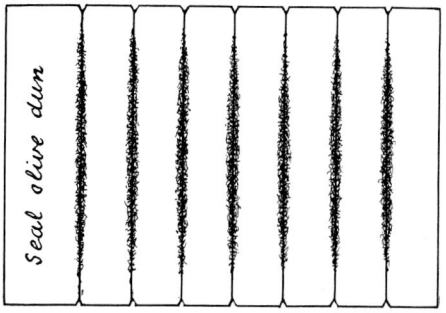

Abb. 38. Auf Pappe verwahrte Dubbingkörper

Die Rippung der Naßfliege

Rippungen imitieren in erster Linie die Segmentierung von Insektenkörpern. Zusätzlich verleihen sie noch Gewicht und Stabilität. Sie rufen aber auch aufreizende Glitzereffekte hervor, auch bei gedubbten Fliegenkörpern. Bei Naßfliegenkörpern, die allein aus Gold- oder Silbertinsel gefertigt werden, wie etwa die Wickham's oder der Butcher, empfiehlt es sich, wegen der Stabilisierung, einen gleichfarbigen Metalldraht darüberzuwinden. Bei palmerartig gebundenen Fliegen verhindert er zudem das Verrutschen der Körperhecheln. Golddraht ist wohl das bei der Naßfliege am meisten verwendete Rippungsmaterial. Des weiteren finden in diversen Stärken Silberdraht, Tinsel oval oder flach, verschiedene Fäden und gelegentlich Roßhaar und Federfibern Verwendung. Mitunter wird sogar Angelschnur genommen.

Die Naßfliegenflügel

Die meisten Experten meinen, eine Hechelnaßfliege finge besser als die Geflügelte, da sie infolge ihrer größeren Eigenbeweglichkeit die höhere Effektivität besäße. Bis vor kurzem führte man noch eine andere Begründung ins Feld. Unter Wasser gäbe es keine geflügelten Insekten, und somit wäre die geflügelte Naßfliege den Fischen nicht nur unbekannt, sondern auch verdächtig. Seit geraumer Zeit wissen wir aber, daß einige Eintagsfliegen zur Eiablage unter Wasser gehen. Das gleiche tun manche Köcherfliegen. Steinfliegen sollen ähnliche Fortpflanzungsgewohnheiten pflegen, worüber sich allerdings die Experten noch in den Haaren liegen. Desgleichen werden in rauhen Flußstrecken abgestorbene Eintagsfliegen (spents) unter Wasser gespült, ebenso totgeborene (stillborn) Duns, so daß den Fischen ihr geflügelter Anblick auch unterhalb der Oberfläche sehr vertraut sein muß. Ganz zu schweigen von all den ertrunkenen Landinsekten, die von der Strömung unter Wasser gedrückt werden und absinken. Es wäre also absurd, in diesen Tagen noch den alten Standpunkt gelten zu lassen.

Auch ich gebe zwar oft der Hechelfliege den Vorzug. Es hat in meiner Praxis aber nicht wenige Fälle gegeben, daß gerade an einem mageren Tag der intuitive Wechsel auf die geflügelte Naßfliege die entscheidende Wende gebracht hat. Deshalb sollten diese Muster ohne Einschränkung ihren festen Platz in der Box des Naßfliegenfischers haben. Abgesehen davon, daß der nichtbindende Flugangler hier sowieso kaum Hechelnaßfliegen kaufen kann. Als Reizfliege aber, oder sogenannter Attractor, ist die Geflügelte aus der Fluß- und Stillwasserangelei sowie aus der meerforellenträchtigen Brackwasserregion überhaupt nicht wegzudenken.

Die klassischen Naßfliegenflügel werden aus rechten und linken Schwungfedern eines Flügelpaares geschnitten, wofür zwei genau gegenüberliegende Segmente auszusuchen sind (Abb. 39). Aber auch

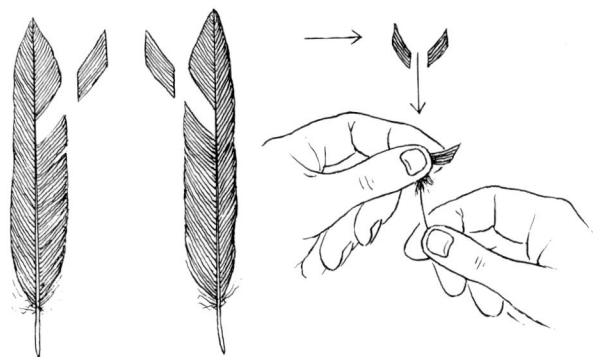

Abb. 39. So werden Flügelfahnen herausgeschnitten und auf den Haken gebunden

eine gleichmäßig geformte Feder z. B. aus dem Rebhuhn- oder Fasanenstoß läßt sich hierzu gut verwenden. Als Federlieferanten kommen vor allem Drossel, Star, Schnepfe, Rebhuhn und Wassergeflügel in Frage. Ebenso Segmente von Stockente und Krickente (teal), Fiberbüschel und Hechelspitzen. Die Flügel werden bei der Naßfliege meistens über die Hecheln, also als letztes eingebunden. Die klassischen Federfahnen und Hecheln, die dieser Fliege ja ein so ästhetisches Aussehen verleihen, sollten im Idealfall um 45° zum Körper geneigt stehen, ausgenommen Spezialmuster. Neben den nach hinten geneigten Flügelpaaren gibt es noch eine Reihe bedeutender, hier so gut wie unbekannter Naßfliegen, deren Flügel aufrecht wie bei einer Trockenen stehen, siehe z. B. auf Übersicht 1 den Tweed- und den Tummel-Typ. Sie sind ein durchaus noch brauchbares Erbe aus klassischer Zeit. So besaß die weltberühmte Greenwell's Glory in ihrer Urform aufrechtstehende Flügel, und die Hechel war nach heutiger Trockenfliegenmanier gewunden. Neben diesem Typ gibt es noch die ,gerollten Flügel'. Hierbei werden die Segmente etwas breiter geschnitten und anschließend über die Dubbingnadel gerollt. Flach über den Körper gebunden, imitieren sie Köcher- und Steinfliegen-Imagines.

Fliegenschwänze

Fast alle im Fachhandel angebotenen Naßfliegen sind beschwanzt. Betrachtet man aber das Heer der bei uns kaum oder gar nicht bekannten Muster, besitzen in Wirklichkeit die allerwenigsten Naßfliegen ein derartiges Anhängsel. Die Auswahl erweist sich also als nicht typisch. Zum Trost halten die Fachhändler aber ein umfassendes Angebot an brauchbaren Bindematerialien bereit, so daß sich der fliegenbindende Naßfischer jedes der später angeführten Muster wenigstens nachbinden kann. Im übrigen bestehen die Naßfliegenschwänze aus den allseits bekannten Federfibern. Bei einigen Mustern finden u. a. noch Haare, Fellflusen und Wollbüschel Verwendung.

Butt und Tag

Dies sind zwei charakteristische Merkmale am Körperende unserer Naßfliegen (nochmals Abb. 31). Der ‚Butt‘, überwiegend aus einem Teil Pfauenfiberstrang hergestellt, soll den Eiersack, der bestimmten Insekten am Hinterleib anhaftet, imitieren. Außerdem gibt es den Butt bei einigen Phantasiefliegen. Der ‚Tag‘ (letztes Ende) steht entweder als Stummelschwänzchen in Form eines Woll- oder Federbüschelchens aus dem Hinterleib hervor, oder er ist an jener Stelle durch eine spärliche Lametta- oder Seidenwindung um den Haken angedeutet (Abb. 31). Die Reizwirkung ist unumstritten.

Zum Schluß dieses Kapitels noch ein paar Bemerkungen. Bei den Naßfliegen stammen die Materialien von den verschiedenartigsten Lebewesen, und im Gegensatz zur Trocken-, Streamer- und Nymphenbinderei sind hier Stoffe synthetischer Herkunft am wenigsten gefragt. Inzwischen gelten, von Land zu Land allerdings nicht einheitlich, immer mehr Tierarten als vom Aussterben bedroht oder werden als gefährdet angesehen. So wurde z. B. in Deutschland der Maulwurf unter Naturschutz gestellt. Das ist bis heute in England nicht der Fall, und so wird man den wunderbaren Pelz dieses Untergrundlers, der hüben wie drüben die Gärtner zu mordlüsterner Verzweiflung bringt, zumindest noch über Großbritannien beziehen können. Indessen läuft man zur Zeit, da ich diese Zeilen schreibe, in Schottland gegen die allherbstliche Moorhuhn-(Grouse-)jagd Sturm. Sie ist ein Statussymbol dortiger Aristokratie. Da riecht es, so will es scheinen, ein bißchen stark nach Neid. Denn der versierte Naturfreund weiß genau, daß auf unserem Erdball weit mehr Tierarten durch die Zerstörung ihrer Lebensräume ausgerottet worden sind als durch Flinte und Büchse. Als anklagender Beweis mögen hierzulande Rebhuhn und Feldhase stehen, zwei für die Naßfliegenbinderei sehr wichtige Materiallieferanten, die, obwohl noch auf der Liste der jagdbaren Tiere geführt, als äußerst bedroht gelten. Hier ist nicht der Jäger, der die letzten Bestände mit allen Mitteln zu hegen trachtet, der Schuldige, sondern die Landwirtschaft mit ihrer Flurbereinigung und Mordchemie. Diese Zusammenhänge im Sinn und tausendfach munter gebuddelte Erdhügel vor Augen, kommen dem Aufgeklärten beim Stichwort Maulwurfsschutz doch einige Zweifel. Aber insgesamt verschließen wir uns dem Tierschutz nicht und müssen deshalb in Zukunft wohl auf den einen oder anderen Ersatz ausweichen. Die in diesem Buch niedergelegten Materialbeschreibungen sind teilweise schon auf diese Entwicklung ausgerichtet. Wo das nicht der Fall ist, habe ich Möglichkeiten offenhalten wollen, bei Gelegenheit auch der Tradition zu huldigen. Im übrigen wollen wir das alles nicht enger als die Fische sehen, welche eine Fliege ja manchmal bedeutend großzügiger beurteilen als der Fischersmann.

Die Eintagsfliegen und ihre Nachbildungen

Die Eintagsfliegen mit all ihren verschiedenen Entwicklungsstadien, Größen, Farben und Formen sind die markanteste Insektenordnung, welche die Fliegenfischer-Entomologie kennt. Ein paar Arten finden sich sogar am winterlichen Gewässer, und wo z. B. unterhalb eines Kraftwerkes angewärmtes Kühlwasser zufließt, läßt sich auch bei Kälte oftmals eine konzentrierte, sehr rege Emergenz diverser Eintagsfliegen-Arten feststellen.

Die klassische wie die moderne Naßfliegenfischerei verfügt über eine ansehnliche Reihe hervorragender Eintagsfliegen-Nachbildungen, die allen Anforderungen Genüge leisten. Oftmals übernimmt eine bestimmte Naßfliege die Nachahmung gleich mehrerer Insektenfamilien und -formen. Das ist äußerst begrüßenswert, denn immerhin gibt es zur Zeit in Europa rund 200 und in Deutschland etwa 75 nachgewiesene Eintagsfliegenarten (Abb. 40). Die nächsten Seiten beschreiben ausführ-

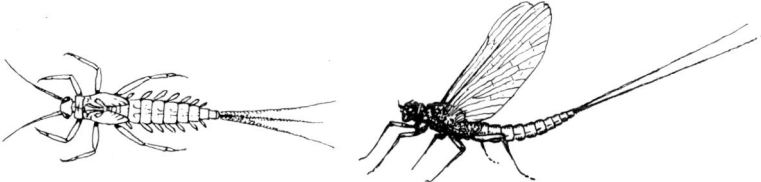

Abb. 40. Links: Eintagsfliegenlarve (Nymphe); rechts: Eintagsfliege (entwickeltes Insekt)

lich den Aufbau eines ausreichenden Sortiments fängigster Eintagsfliegen-Naßmuster. Sie werden alle, wenn kein besonderer Hinweis erfolgt, auf Hakengröße 12 bis 16 gebunden. In der Praxis gilt der gleiche Grundsatz wie beim Trocken- oder Nymphenfischen: Je vorsichtiger der Fisch, um so kleiner soll die Fliege, desto dünner die Vorfachspitze gewählt werden.

Verschiedene Stilrichtungen der Eintagsfliegenmuster

Viele Fliegenfischer, mit denen man ins Gespräch kommt, kennen nur einen einzigen Naßfliegentyp: mit über dem Körper zurückgelegten Flügeln, Hechelbart und Schwänzchen. Und in der Regel wird in einem Atemzug die Märzbraune genannt; wohlfeil und überall zu haben (siehe Tafel 7, Bild 1). Bindet der Fischer selbst, weiß er außer von ein paar weiteren käuflichen Mustern auch noch von der Hechelnaßfliege zu berichten (Tafel 7, Bild 2). Damit ist schon häufig das Wissen erschöpft. Nur wenige Spezialisten kennen hier auf dem Kontinent all jene Stilrichtungen und Typen, die das Naßfischen – im Einklang mit der richtigen Methode – so erfolgreich gestalten. Das trifft auch oftmals auf die Eintagsfliegen-Nachbildungen zu, von denen die wichtigsten Typen auf der o. g. Tafel gezeigt werden (siehe außerdem Übersicht 1, Seite 80). Dem Neuling auf diesem Gebiet werden vor allem die drei Muster der Bilder 3, 4 und 5 ins Auge fallen, mit ihren für Naßfliegen ungewohnt hoch stehenden Flügeln. Bei ihnen handelt es sich, wie auch bei den Bildern 6, 7 und 8, um sogenannte ‚Upstream Flies‘, also Stromauffliegen, was schon die Behauptung mancher gewiß unwissender Leute als haltlos beweist, daß die Naßfischerei eine relativ primitive Stromabmethode an strammgespannter Fliegenleine sei.

Es waren die Schotten, die vor etwa 150 Jahren die Stromauffischerei in den Süden Englands brachten. Einer von ihnen war der angesehene Autor und Flugangler W. C. Stewart, dessen Werk, ‚The Practical Angler or The Art of Trout-Fishing‘, zwischen 1857 und 1950 siebzehnmal aufgelegt worden ist. Seine Fliegen, zwei Beispiele zeigt die Tafel 7 an den Bildern 7 und 8, zeichneten sich durch sehr sensible Behechelung aus. Diese bestand meistens aus einer weichen Hennen- oder Hahnenhechel, weil sich Wildvogelhecheln wegen ihrer Kürze für die leicht palmerartig gebundenen Muster nicht eigneten. Stewart fixierte bei diesen Fliegen die Hechel nicht am Kopf derselben, sondern bedeckte fast die gesamte vordere Körperhälfte damit. Bei manchen Fliegen überzog er den gesamten Körper, sehr licht, mit einer einzigen ‚gedoppelten‘ Geflügelhechel, bis hin zum Hakenbogen. Diese Typen sind in die Geschichte des Naßfischens als sogenannte ‚Semi–Palmer‘ eingegangen. Solche Fliegen, die beim Stromauffischen eine phantastische Eigen-

Tafel 7. Verschiedene Stilrichtungen der wichtigsten Naßfliegenmuster. 1: Naßfliege standard; 2: Hechelnaßfliege (schwanzlos); 3: Tummel-Typ; 4: Tweed-Typ; 5: Clyde-Typ; 6: Usk-Typ; 7: Behechelung im Stewart-Stil; 8: Palmer im Stewart-Stil

beweglichkeit entwickeln, stellten nach der Auffassung Stewart's hauptsächlich Nymphen und Emerger dar, die im Oberflächenfilm oder dicht
darunter ‚arbeiten‘ sollten. Der Naßfliegenbinder hierzulande, der sich
weniger traditionellen Zwängen ausgeliefert sieht, kann so manches in
diesem Buch beschriebene Muster im Stewart Stil behecheln, sofern es
sich von der Konzeption her dazu eignet. Trotzdem, hier zwei Original-
rezepte:

Brown Dun (W. C. Stewart)

Körper: Braune Fasanenschwanzfiber
Köpfchen: Eine Pfauenfiber
Hechel: Braune Hennenhechel, gedoppelt und sehr licht über das erste
Drittel des Fliegenkörpers gewunden.

Brauner Semi-Palmer (W. C. Stewart)

Körper: Mittelbraune Seide
Hechel: Lange, weiche Hahnenhechel, gedoppelt, sehr langgezogen über
einen langschenkligen Haken gewunden

Stewart hat auch die ‚Rolled Wings‘, die über eine Dubbingnadel
gerollten Flügel, populär gemacht, die sich besonders gut für die geflügelten Köcherfliegen-Imitationen verwenden lassen.

Ein paar weitere ‚Upstream Flies‘, eine so berühmt wie die andere,
sind die Tummel-, Tweed-, Derbyshire-, Clyde- und Usk-Typen (siehe
nochmals Tafel 7). Die Muster 3, 4 und 5 besitzen hochgestellte oder
leicht nach vorn oder hinten geneigte Flügelpaare aus Federfahnen,
Fiberbüscheln oder Hechelspitzen, die aus einem Hechelkranz herausragen, der in heutiger Trockenfliegenmanier gewunden ist. Und auch ihre
Körperformen weisen Merkmale auf, die außerhalb des gewohnten
Schemas liegen, also stummelartig bis relativ kurz, an der Hakenlänge
gemessen. Auch diese Fliegen werden grundsätzlich gegen die Strömung
gefischt. Nur der Usk-Typ, der eine reife Nymphe oder schlüpfende
Eintagsfliege imitiert, macht da eine Ausnahme (Tafel 7, Bild 6 und
Übersicht 1, Seite 80). In diesen ‚Stromauf-Bindeweisen‘ läßt sich jedes
hier später beschriebene Eintagsfliegen-Imitat herstellen, insofern es von
Aufbau und Kontur her dazu geeignet ist, ein sich hilflos bewegendes,
unter Wasser gedrücktes Insekt nachzuahmen. Hier pro Typ ein Origi-
nalmuster:

Tummel-Typ

Körper stummelartig: Graue Seide mit Golddraht gerippt
Flügel: Primärfedern vom Starenflügel, helle Unterseite nach außen
Hechel: Blue Dun.

Tweed-Typ

Diese Fliege kann als Greenwell's Glory gebunden werden. Siehe auch
‚Die Greenwell Story‘.

Clyde-Typ

Körper: Braune Truthahnfiber, nicht ganz bis zum Hakenbogen gewunden
Flügel: Hechelspitzen vom Badger-Hahn, welche über die Behechelung
herausragen müssen
Hechel: Coch-y-Bondhu.

Usk-Typ

Körper: Graue Seide oder graues Maulwurfsdubbing
Flügel: Graue Unterseite aus Entenschwinge, zu etwa 45° über die
Hechel nach hinten gelegt
Hechel: Graue Rebhuhn, gesprenkelt, gedoppelt und sparsam gewunden
nach hinten gelegt.

Die Greenwell Story

Um die Entstehungsgeschichte dieser Fliege ranken sich Legenden. Den
Einfall schreibt man dem seinerzeit bekannten Fliegenbinder James
Wright aus Roxburghshire zu, von dem der berühmte Autor und
Fliegenfischer Francis Francis behauptet, er sei der perfekteste Lachsfliegenbinder gewesen. Eines schönen Maientages 1854 betrat der befreundete Domherr William Greenwell seine Werkstatt, wies dem Profi
beschwörend seinen leeren Fischkorb vor und bat ihn, doch irgendeine
fängige Fliege zu binden, koste es, was es wolle. Woher Master Wright
das Rezept nahm, ist umstritten. Man sagt, er habe es schon lange in der
Schublade gehütet. Und auch über das Dressing der Urfliege existieren
verschiedene Variationen. Die wohl glaubhaftesten Angaben machte
Ewen M. Todd in seinem 1903 erschienenen Buch ‚Wet Fly Fishing‘, in
dem er sich auf zwei Briefe beruft, die Canon Greenwell 1881 und 1894
verfaßt hat. Die darin enthaltenen Anleitungen lauten wie folgt:

Greenwell's Glory

Körper: Gelbes Floss, das mit ‚Cobbler's Wax' (eine zeitgenössische, braunfarbige Fliegenwachs-Marke) vorher so präpariert wird, daß der Körper eine olivgelbe, fast durchscheinende Farbe erhält
Rippung: Gelber Faden oder Golddraht
Flügel: Ein Strauß gespließter Federsegmente aus dem Flügel der Schwarzdrossel, aufrecht stehend
Hechel: Coch-y-Bondhu, in heutiger Trockenfliegen-Manier eingebunden.

Greenwells Erfolge mit dieser Fliege müssen dazumal überwältigend gewesen sein, denn er rühmte ihre Qualitäten, wann und wo er nur konnte. Auch hierzulande stellt die ‚Greenwell's Ruhm' in bestimmten Zeiten zwischen Mai und Oktober eine Topfliege dar. Obwohl sie als Dark Olive *(Baetis atrebatinus)* in unseren Breiten nur sehr selten ihr natürliches Vorbild findet. Wem es Spaß bereitet, der kann sich ja – schon der Tradition wegen – an das Originalrezept halten. Zwei weitere Bindeanleitungen, denen nicht weniger effektvolle Muster entspringen, lauten folgendermaßen:

Greenwell's Glory (Tweed Typ)

Bindeseide: Gelb
Körper: Gelbes Floss, gut gewachst, mit gelber Bindeseide gerippt
Flügel: Schwarzdrossel, aufrecht stehend
Hechel: Coch-y-Bondhu.

Greenwell's Spider

Körper: Gelbes Floss, gut gewachst, zunächst als Körper geformt. Danach mit olivfarbenem Seehunddubbing überwunden
Hechel: Lange, weiche Coch-y-Bondhu-Hechel.

Wenden wir uns nun von der Favoritin des wortgewaltigen Kirchenmannes ab und untersuchen die Kreationen von ein paar anderen, nicht weniger prominenten alten Herren, die schon lange an den Chalk Streams der Ewigen Jagdgründe ihre Ruten schwingen. Ihre Fliegen, die allesamt erkennen lassen, daß ihre Schöpfer die Gewässerkleintierfauna sehr aufmerksam beobachtet haben, sind so aktuell wie eh und je.

Da war z. B. der Landlord A. Mackintosh, der um 1776 mit wenig

Tafel 8. 1: Golden Sooty Dun; 2: Tups Indispensable; 3: Herbst Dun; 4: Grannom; 5: Snipe and Purple; 6: Blauer Zulu; 7: Coch-y-Bondhu; 8: Black Pennell

Glück den ‚Roten Löwen' in Driffield verwaltete, weil er die meiste Zeit mit dem Fliegenfischen verbrachte. Nebenher war er ein ausgezeichneter Insektenkundler und Fliegenbinder. Lange, bevor Austin seine Tups Indispensable erfand, deren Bestandteile bis nach seinem Tode ein Geheimnis blieben, verarbeitete Mackintosh schon jene urinverfärbte Wolle aus dem Genitalbereich des Schafbockes. Zwar keine appetitliche Beigabe, aber immerhin der maßgebliche Bestandteil einer Superfliege. Eines der besten und fängigsten Muster jenes gescheiterten Gastronoms ist, man glaubt es kaum, eine über 200 Jahre alte No-Hackle-Fliege, die Golden Sooty Dun.

Golden Sooty Dun (A. Mackintosh)

Körper: Dunkelbraune Wolle, am besten vom schwarzen Lamm, gedubbt
Flügel: Star, aufrecht
Beine: Etwas Körperwolle mit der Dubbingnadel herauszupfen.

Machen wir gleich einen Sprung ins frühe 19. Jahrhundert, zu Alfred Ronalds, der schon 1836 eine so bedeutende Fliegenfischer-Entomologie herausgegeben hatte, daß sie 1921 noch einmal, in 12. Auflage, gedruckt wurde.

Red Spinner (A. Ronalds)

Körper: Braune Seide, mit feinem Golddraht gerippt
Flügel: Mallard, aufrecht
Schwanz: Zwei rote Hahnenhechelfibern
Hechel: Roter Haushahn, in Trockenmanier gewunden.

Lassen wir nun, hintereinander, gleich ein halbes Dutzend Erfolgsfliegen von sechs Grandseigneurs alter Schule Revue passieren:

Blue Dun (J. Ogden)

Bindeseide: Gelb
Körper: Dubbing von Wasserratte
Flügel: Star, aufrecht
Barthechel: Dunkelgraue Henne.

Caenis (G. S. Marryat)

Körper: Eine dünne Fiber aus dem Stoß des Goldfasans
Flügel: Star hell, von Flügelunterseite, aufrecht stehend
Hechel: Star.

Die Namenlose (T. Gordon)

Körper: Apfelgrüne Wolle
Flügel: Mallard oder Duck
Hechel: Helle Blue Dun, palmerartig über den Körper gewunden.

Tups Indispensable (R. S. Austin)

Körper: Die hintere Hälfte gelbe Seide, die vordere rotes und gelbes
Schafwolldubbing, gemischt
Schwanz: Blue Dun
Hechel: Blue Dun.

Spent Pale Watery (G. E. M. Skues)

Bindeseide: Hellorange
Körper: Seehunddubbing cremefarben
Schwanz: Helle Honig-Dun-Fiber
Flügel und Hechel: Helle Blue Dun, in Spentform geschnitten.

Grauhechel-Flymph (J. Leisenring)

Körper: Pfauenfibern, schmal mit Goldtinsel gerippt
Hechel: Badger, nicht zu lang, nach hinten geneigt.

Mit dieser Auswahl von Oldtimern klassischer Naßfliegen wurde den
großen Meistern der guten alten Zeit gebührende Referenz erwiesen.
Wem es Vergnügen bereitet, denn die Sache ist nicht ganz ohne Reiz, der
möge den Versuch machen, diese nostalgische Serie einmal wahrheitsge-
treu nachzubinden. Ganz gewiß wird er überrascht sein, wie sicher und
verläßlich sie noch immer ihre Aufgaben zu erfüllen vermag.

Die Märzbraune (March Brown) gehört zu den universellsten Fliegen,
die es gibt. Genaugenommen sollte sie eine Nachbildung der *Rhithrogena
haarupi* darstellen, eine ausgesprochene Frühjahrserscheinung. Aber auch
hier, wie bei vielen anderen Fliegenmustern, läßt sich das Produkt
menschlichen Wunschdenkens nicht in zeitliche Grenzen pressen: Die
Märzbraune ist während des ganzen Jahres fängig, da sie nebenher noch
verschiedene Eintagsfliegennymphen, Aufsteiger (Emerger), Duns oder
auch Spents imitiert. Die Märzbraune in der Standardausführung gehört
seit eh und je zum Naßfliegensortiment des Fachhandels. Neben diesem
wohlfeilen Typ existieren aber noch einige hierzulande weniger
bekannte Varianten, die dem Leser wegen ihrer durchschlagenden Wirkung nicht vorenthalten werden sollen.

Märzbraune standard

Körper: Braunes Seehunddubbing, mit Golddraht gerippt
Schwanz: Fibern aus roten Rebhuhnstoß-Federn
Flügel: Zentralfeder von Rebhuhn- oder Fasanenstoß
Hechelbart: Rebhuhn braun.

Märzbraune schottisch

Wie oben, nur mit purpurfarbenem Dubbingkörper.

Derbyshire Märzbraune

Körper: Orangefarbene Seide, mit rötlicher Hasenwolle überdubbt
Flügel: Waldschnepfe
Hechel: Rebhuhn.

Märzbraune silber

Körper: Flaches Silbertinsel, mit ovalem Silbertinsel gerippt
Schwanz: Braune Rebhuhnfibern
Flügel: Fasanenhennenflügel
Hechel: Rebhuhn braun.

Märzbraune gold

Wie oben, nur mit Goldtinsel.

Märzbraune Spider

Körper: Seehundspelz und Hasenohrwolle gemischt
Schwanz: Gesprenkelte Rebhuhnschwanzfibern
Hechel: Eine große braune Rebhuhnfeder.

Riffit's Aufsteiger

Körper: Hasenwolle mit orangefarbener Bindeseide verzwirnt
Hechel: Rumpffeder von der Bekassine (Snipe) im Stewart-Stil gebunden. Stewart-Stil = palmerartig auseinandergezogen über den Körper gewunden.

Tafel 9. 1: Orange and Silver Spider; 2: Peter Ross; 3: Invicta; 4: Puppe standard; 5: Corixa; 6: Mückenpuppe; 7: Daddy-Long-Legs; 8: Vier Äschenfliegen. *Oben links:* Teufelchen (Imp); *rechts:* Wasserkönigin (Queen of the Water); *unten links:* Hatching Special, *rechts:* Lock's Fancy

Märzbraune mit Kielkörper (March Brown Quill)

Körper: Blanker Pfauenkiel
Schwanz: Drei Fibern aus dem Stoß einer Fasanenhenne
Flügel: Fasenenhennenflügel
Hechel: Rebhuhn braun.

Die (goldgerippte) Hasenohrfliege (Gold Ribbed Hare's Ear)

Seit altersher bekannt und ebenso populär wie ihre Vorgängerin, die Märzbraune, ist die Hasenohrfliege. Auch von ihr kennt man verschiedene Spielarten, die nicht minder fängig sind.

Hasenohrfliege standard

Körper: Hasenohrdubbing mit feinem Golddraht gerippt
Schwanz: Ein paar längere Hasenhaare
Beine: Etwas Dubbingmaterial mit der Nadel herausgezupft.

Schnepfe und Hasenohr (Woodcock and Hare's Ear)

Wie oben, nur mit Schnepfenflügeln.

York's Hasenohr

Körper: Hasenohr, gerippt mit feinem Golddraht
Schwanz: Fibern vom Haushahn, ginger
Hechel: Helle Blue Dun, Henne.

Hasenohr mit ‚Tag‘

Körper: Dunkles Hasenohrdubbing, gerippt mit feinem Golddraht, und einem ‚Tag‘ aus Goldtinsel am Ende des Körpers
Beine: Aus dem zuvor etwas dichter gedubbten Thorax werden mit der Nadel ein paar längere Haare herausgezogen.

Der Fachmann wird, wie zuvor bei der Märzbraunen, gemerkt haben, daß trotz der Namensgleichheit enorme Unterschiede im Styling und Aussehen bestehen. Keine Hasenohrfliege gleicht der anderen. Der gutsortierte Fliegenfischer hat stets ein paar der verschiedensten Hasenohrfliegen zur Hand.

Nach den Allroundern Märzbraune und Hasenohrfliege folgt nun eine kleine Auswahl von Naßfliegen, die auf ganz bestimmte Eintagsfliegen und ihren Erscheinungszyklus ausgerichtet ist. Jedoch Ausnahmen bestätigen auch hier die Regel. So kann sich z. B. eine ausgesprochene ‚Herbstfliege‘ als äußerst fängiges Frühjahrsmuster erweisen.

Waterhen Bloa, Blue Dun (Baetis rhodani)

ganzjährig
Körper: Gelbe Seide, spärlich mit Wasserratte oder Maulwurf überdubbt
Hechel: Wasserhuhn oder Blue Dun.

Grey Duster (Baetis rhodani)

ganzjährig
Körper: Hasenohr- und Maulwurfsdubbing gemischt
Hechel: Badger.

Poult Bloa (Baetis, Ephemerella, Centroptilum)

April bis August
Körper: Gelbe Seide, spärlich mit rötlichem Seehund überdubbt
Hechel: Blaugraue Randfedern von der Unterseite eines Schnepfenflügels, ersatzweise Blue Dun-Henne.

Pheasant Tail (Rhithrogena, Ephemerella, Baetis)

Mai bis September
Körper: Fasanenhahnstoß-Fibern, mit Golddraht gerippt
Schwanz: Honig-Dun-Fibern
Hechel: Honig Dun.

Snipe and Purple (Baetis)

Mai bis Juni und September
Körper: Purpurfarbene Seide oder mit gleichfarbenem Seehund überdubbt, Bindeseide ebenfalls purpur
Hechel: Bekassine (Snipe) Flanke, eine Windung.

Green Drake, Maifliege (Ephemera danica und vulgata)

Mai, Juni
Hakengröße 8 bis 10
Körper: Gelbgrüne Wolle, mit gelber Bindeseide gerippt
Schwanz: Drei lange Fibern vom Fasanenschwanz
Hechel: Grüngelb gefärbte Mallardfeder, im Stewart-Stil palmerartig auseinandergezogen über die vordere Körperhälfte gewunden.

Red Spinner (Rotspinner) (Baetis vernus und scambus)

Juni bis Juli
Bindeseide: Rot
Körper: Rote Seide, mit feinem Golddraht gerippt

Schwanz: Hellrote Fibern von Hahnenhechel
Hechel: Rote Henne.

Blue Winged Olive, BWO (Ephemerella ignita)

Juni bis September
Hakengröße 14
Bindeseide: Gelb
Körper: Olivgefärbte Reiherfiber oder olivfarbene Wolle, mit Golddraht
gerippt
Schwanz: Gelbliche Grizzlyfibern
Hechel: Blue Dun.

Herbst Dun (Ecdyonurus)

Juni, vorzüglich aber August bis Oktober
Bindeseide: Braun
Körper: Braune Fasanenstoß-Fibern
Hechel: Braune Rebhuhn.

Emergers mit Doppelhecheln

Fast alle zuvor aufgeführten Hechelnaßfliegen lassen sich auch als sogenannte Doppelhechelfliegen binden, siehe auch Tafel 7, oben. Die beiden
hintereinander liegenden Hechelkränze dürfen aber nicht ‚gedoppelt'
werden, sondern sollten abgespreizt vom Körper stehen. Die vordere
Hechel sollte immer eine Idee heller als die hintere sein. – Die so
konstruierten Fliegen täuschen eine Emergenz vor.

Naßfliegenmuster, die Eintagsfliegen nachahmen, werden beim
Fischen dort angeboten, wo auch ihre natürlichen Vorbilder in Erscheinung treten: nämlich im Wasserfilm und dicht unter der Oberfläche.
Nur jene Muster, die nebenbei Nymphen und Aufsteiger darstellen
können, wie z. B. Märzbraune, Hasenohrfliege usw., werden auch tief
bis extrem tief gefischt.

Die Köcherfliegen-Imitationen

Für den Naßfischer sind alle drei Erscheinungsbilder der Köcherfliegen-Metamorphose von Belang: 1. die Larve, 2. die Puppe und 3. das vollentwickelte, flugfähige Insekt; siehe Abb. 41. Sobald die Tage im Frühherbst kühler werden, stellen die Larven bis in den Winter hinein den Löwenanteil der Äschennahrung. Während zum ausklingenden Sommer selbst grobklotzige, stöckchenbewehrte Köcher nicht verschmäht werden, tritt später die nackte, unbehauste Larve deutlich in

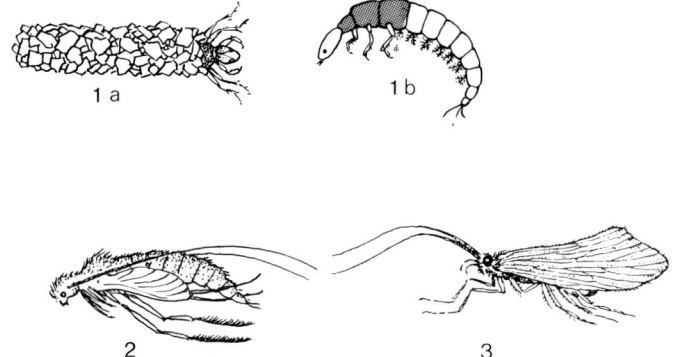

Abb. 41. Die Entwicklungsphasen der Köcherfliege. 1a: Larve im Köcher; 1b: freilebende Larve; 2: Puppe; 3: flugfähiges Insekt

den Vordergrund (Tafel 2, Mageninhalte). Kein Wunder also, daß besonders zu dieser Zeit die künstlichen Larven gut fangen.

Das Puppenstadium, ein höchstens 30 Tage dauernder Prozeß, hat den Flugangler seit altersher zu entsprechenden Nachbildungen angeregt. Denn zum Abschluß dieser Phase, wenn die Puppen mit weitentwickelten Extremitäten zur Wasseroberfläche schweben, um irgendeinen Stein oder Halm zum Ausstieg zu erklimmen, werden sie zur leichten und begehrten Beute der Fische, die dann lebhaft auf puppenähnliche Köder des Fliegenfischers reagieren.

Die später erwachsene, flugfähige Köcherfliege (Sedge) ist den Fischen im ‚nassen Zustand' keinesfalls unbekannt. Einige Arten tauchen, schwimmen oder kriechen zur Eiablage unter Wasser, so daß eine mehr oder weniger realistisch nachempfundene Sedge während der gesamten Flugzeit, etwa April bis Oktober, auch unterhalb der Wasseroberfläche von den Fischen angenommen wird. Die Naßfischerei verfügt von allen drei Erscheinungsformen – Larve, Puppe und Imago – über höchst wirksame Fliegenmuster.

Larve im Köcher (1)

Langschenkliger Haken, Größe 8 bis 12
Ein paar Hirschhaare werden, hinten leicht überstehend, längs des Hakenschenkels angewunden. Eine schwarze Hennen- oder Starenhechel wird nur einmal umwunden. Den Abschluß bildet ein dicker, schwarzer Kopf aus Bindegarn. Ist eine tiefe Führung erwünscht, wird der Haken zuvor mit Bleidraht versehen.

Larve im Köcher (2)

Langschenkliger Haken, Größe 8 bis 14
Den Körper aus ein paar Fasanenstoß-Fibern winden, darüber ein nicht zu dünnes Dubbing braunen Seehunds. Anschließend wird das Dubbing nach hinten etwas spitz zulaufend gestutzt. Eine dünne, dunkle, nicht zu lange Kopfhechel einwinden. Bei tiefer Führung Bleidraht verwenden.

Freilebende Larven

Hakengröße 8 bis 14
Es können normale, schwere Naßfliegenhaken verwendet werden, aber auch leicht gebogene Spezialhaken, wie z. B. der Partridge ‚K4A'. Notfalls läßt sich ein Normalhaken mit der Spitzzange in die gewünschte Form biegen.
Körper: Braune, gelbe, olivfarbene, beige oder weiße Seide, gut gewachst. Bis in die Hakenkrümmung gewunden
Rippung: Bei kleinen Fliegen blanker Pfauenkiel, bei größeren bleiben am Kiel ein paar Flusen stehen
Kopf: Dick aus Bindeseide gewunden
Hechel: Star oder dunkle Henne, nicht zu lang, nur eine Windung.
Bei tiefer Führung Bleidraht verwenden.

Puppe standard

Hakengröße 10 bis 14, eventuell gekrümmte Form
Körper: Zunächst eine dünne Lage Seide, Farben wie zuvor, als Unterlage, bis in die Hakenkrümmung gewunden. Darüber Seehunddubbing in gleicher Farbe

Rippung: Bindefaden in gleicher Farbe, oder Angelschnur oder ovales Goldtinsel
Thorax: Straußenfiber schwarz, braun oder grau
Kopf: Ein paar Windungen Pfauenfiber
Hechel: Braungesprenkelte Rebhuhn-, Schnepfen- oder Moorhuhnhechel.

Hasenohr-Puppe

Hakengrößen wie zuvor
Diese Fliege wird wie die Gold Ribbed Hare's Ear-Fliege gebunden (Seite 106). Nur bekommt der Körper eine etwas plumpere Gestalt, bis in den Hakenbogen hinein. Mit ovalem Goldtinsel gerippt. Hecheln wie bei Puppe standard zuvor.

Köcherfliegen-Puppen im Palmerstil

Hakengröße 10 bis 14
In der englischen, kanadischen und amerikanischen Schule werden palmerartiggebundene Naßfliegen zur Köcherfliegenpuppen-Imitation empfohlen. Ganz sicher wird hier ein Grenzbereich beschritten. Denn die nun folgenden Naßpalmer ahmen zweifelsohne auch die Grundformen verschiedener Land- und Wasser-Kleinlebewesen nach. Somit sind diese Muster im großen und ganzen universell verwendbar. Bei all diesen Fliegen werden weiche Hennenhecheln verarbeitet.

Olivgrüner Palmer

Körper: olivgrünes Seehunddubbing, mit ovalem Goldtinsel gerippt
Front- und Körperhechel: dunkelbraun.

Hellorangefarbener Palmer

Körper: blaßorangefarbenes Seehunddubbing, Rippung wie oben
Front- und Körperhechel: rötlichbraun.

Schmutzigweißer Palmer

Körper: weißes Seehunddubbing mit etwas grauem vermischt, Rippung wie oben
Front- und Körperhechel: hellginger.

Brauner Palmer

Körper: dunkelbraunes Seehunddubbing, Rippung wie oben
Front- und Körperhechel: dunkelbraun

Sämtliche hier aufgeführten Puppen-Imitationen können sehr erfolgreich als Aufsteiger gefischt werden, indem man sie mit Hilfe des ‚Leisenring-Lift' ganz zart von Grundnähe nach oben schweben läßt. Da es sich bei ihren natürlichen Vorbildern um ziemlich unbeholfene Wesen handelt, die oft sehr lange an der Oberfläche dahintreiben, ehe sie den rettenden Ausstieg finden, sollte auch vom Fischer diese Reise ins Ungewisse nachgeahmt werden. An der locker geführten Schwimmschnur, dicht unter der Oberfläche oder im Wasserfilm die künstliche Puppe dahintreiben lassend, gaukelt der Angler den Fischen solch fetten, bequem zu erreichenden Happen vor. Nicht selten wird den echten Puppen eine tote Drift, etwa in Kolken, hinter Buhnen oder in Rückstauen, zur tödlichen Falle. Derartige Futterkrippen werden fast immer von einer guten Standforelle kontrolliert, und es liegt am Geschick und Können des Fischers, ob diese alte Tante sich täuschen läßt. Die künstliche Köcherfliegen-Puppe ist jedenfalls die beste Voraussetzung für eine nähere Bekanntschaft.

Die künstliche Köcherfliege

(Sedge genannt)
Die folgenden Muster imitieren bereits flugfähige Insekten, die alle, sofern nicht besonders aufgeführt, auf Hakengröße 12 bis 16 gebunden werden können. Zunächst drei klassische Fliegen, bei denen die beiden Flügelsegmente nach hinten, über den Körper gelegt werden.

Braune Sedge

Körper: Bis zu fünf braunen Fibern aus einer Truthahnschwanzfeder oder anderen, mit Golddraht verzwirnt
Flügel: Zwei rötliche Federsegmente, z. B. aus Rebhuhnstoß
Hechel: Braune Wildvogelhechel.

Schwarze Sedge

Körper: Bis zu fünf dunklen Fibern aus einer Truthahnschwanzfeder oder anderen, mit Golddraht verzwirnt
Flügel: Zwei schwarze Federsegmente, z. B. Krähe
Hechel: Schwarze Henne.

Tafel 10. Aus dem Fell der Wasserratte lassen sich vorzügliche Dubbingkörper für verschiedene Naßfliegenmuster herstellen, zum Beispiel für die klassische Waterhen Bloa (kleines Foto)

112

Grannom Sedge

Die Grannom ist eine sehr berühmte Köcherfliegen-Nachbildung der *Brachycentrus subnubilus,* eines Insekts, das hier bei uns kaum in Erscheinung tritt. So jedenfalls die Auskunft eines mir bekannten sehr guten Fliegenfischer-Entomologen. Dennoch, und das ist bezeichnend für den gesamten Kunstfliegensektor, stellt dieser Typ, von dem es die verschiedensten Bindevarianten gibt, ein Topmuster dar, ob es trocken oder naß gefischt wird. Dies ist wieder einmal eines der vielen Lehrbeispiele aus der goldenen Praxis, das die allzu eifrigen Verfechter der ‚haargenauen‘ Nachbildung etwas nachdenklicher stimmen sollte. Hier eine der bekanntesten Bindeweisen:

Hakengröße 14, grünes Bindegarn
Körper: Hasenwolle über braune Seide gedubbt. Mit einem mehr oder weniger großen ‚Butt‘ aus grüner Wolle, der den Eiballen imitieren soll
Flügel: Zwei Segmente aus Rebhuhnflügel
Hechel: Henne hellginger.

Die künstliche Sedge ist eine Fliege, die sich auch erfolgreich mit der relativ einfachen ‚Schräg-stromab-Methode‘ fischen läßt. Das hierbei praktizierte Herumtreibenlassen, das Verharren in der Strömung mit und ohne Wippbewegungen der Rutenspitze, wie auch das langsame Heranzupfen, erweisen sich selbst an Gewässern, wo Fische diese Anfängertricks längst durchschaut haben, überraschenderweise als ein wirksames Verfahren. Den Fischen ist die zur Eiablage unter Wasser gehende Köcherfliege ein vertrauter Anblick. Und auch die Silhouette ihrer Nachahmung verspricht einen fetten Happen, zumal sie, gegen die Strömung geführt, das Eintauchen und Unterwassergehen hervorragend nachtäuscht. Deshalb sollte gerade bei dieser Fliege die Sinkschnurtechnik angewendet werden, wobei die Bisse schon beim Hinuntertauchen der künstlichen Sedge einsetzen können.

Die Erl- oder Schlammfliege (Alder)

Im Mai/Juni finden sich in Schilf und Gräsern längs der Ufer düster gefärbte Insekten ein, die in Gestalt und Größe an Köcherfliegen erinnern. Aber ihre leicht transparenten Flügel, die sie wie die Köcherfliegen dachförmig zusammengelegt über dem Hinterleib tragen, sind von dicken, schwarzen Adern durchzogen. Es handelt sich hierbei um Schlammfliegen. In dieser Zeit findet man auch Überreste dieser Insekten in Forellenmägen. Dennoch spielen sie als Futter nicht die Rolle, die ihnen nach der Häufigkeit ihres Auftretens zukäme. Das liegt wohl daran, daß sie nach dem Schlüpfen nur durch Unglücksfälle mit dem Wasser in Berührung kommen. Anders liegen die Dinge bei den im Grundschlamm hausenden, jedoch auch sehr schwimmtüchtigen Larven. Sie werden zur leichten Beute der Fische (Abb. 42).

Abb. 42. Links: Schlammfliege; rechts: Schlammfliegenlarve

Larve

Langschenkliger Haken, Größe 8
Hinterleib: Braunes und gelbes Seehunddubbing gemischt, nach hinten spitz zulaufend, mit ovalem Goldtinsel gerippt
Kopf und Thorax: Hasendubbing
Schwanz: Der eigenartige Larvenschwanz wird von der Spitze einer gingerfarbenen Hahnenhechel waagerecht eingebunden
Hechel: Eine Windung braune Rebhuhnhechel.

Erlfliege

Langschenkliger Haken, Größe 10 bis 12
Körper: Pfauenfibern
Flügel: Graue Schwungfedern diverser Vögel
Hechel: Schwarze Henne.

Die Larve wird tief gefischt, die Fliege selbst im Oberflächenbereich.

115

Die Steinfliegen-Imitationen

Die Steinfliegen zählen zu den ältesten Insekten unseres Planeten. Seit etwa 250 Millionen Jahren bewohnen sie die Erde. Wegen dieses hohen Alters sind die meisten Arten auch nicht imstande, in stark belasteten Gewässern zu leben. Darum gelten sie als verläßliche Indikatoren für reines Wasser. In unseren Breiten findet sie der Fischer nur noch in gering belasteten Gewässern und kleineren Quell- und Nebenbächen. Seit altersher hat dieses urtümliche Insekt zur Nachahmung angeregt. So legte Juliana Berners, die fliegenkundige Äbtissin, bereits 1496 folgende Bindeempfehlung nieder: ,Die Steinfliege mit einem Körper aus schwarzer Wolle, gelb unter Flügeln aus grauer Entenflanke . . .' Dieses Muster verfehlt auch heute, nach fast 500 Jahren, seine Wirkung nicht.

Bei den Steinfliegen-Imitationen müssen die Nachbildungen von Larven und Insekten unterschieden werden (Abb. 43). Erstere lassen

Abb. 43. Links: Steinfliegenlarve; rechts: Steinfliege

sich, auf langschenkligen Haken gebunden, leicht an den herkömmlichen Grundtönen von Dunkel- bis Hellbraun herstellen. Die bei den Steinfliegenlarven vorhandenen beiden Schwanzfäden formt man am besten aus den blanken, von allen kleineren Fibern befreiten Kielspitzen zweier Hühner- oder Rebhuhnhecheln entsprechender Größe, die mit einem wasserfesten Filzstift dunkel eingefärbt werden. Der Hinterleib wird aus nicht zu dichtem Seehunddubbing entsprechender Färbung geformt und mit ovalem Goldtinsel nur bis zum Thorax gerippt. Der Thorax selbst wird ziemlich dicht aus demselben Dubbingmaterial gewunden. Den Abschluß bildet eine nicht zu langfibrige, gesprenkelte Wildvogelhechel, z. B. Rebhuhn, Moorhuhn oder Fasan. Da die Steinfliegen in der Größe stark variieren (3–30 mm), binde sie der Fischer nach den angetroffenen Arten auf Hakengröße 8 bis 14.

Die Larven, die auf englisch so treffend als Creeper, nämlich Kriecher, bezeichnet werden, leben ausschließlich am Gewässergrund unter größeren Steinen. Hier werden sie von den Fischen aufgestöbert, und hier unten sollte der Angler auch ihre Imitationen anbieten. Das setzt eine gute Bleibeschwerung der Fliege voraus. Die Schwimmschnur ist nur an flacheren Gewässern zu empfehlen. Am besten, vor allem in schnelleren Strömungen, sind die Lebensräume der Steinfliegenlarven mit Schnüren der verschiedensten Sinkgeschwindigkeiten zu erreichen. Weil die hier beschriebenen Steinfliegenlarven außerdem noch fremde Larvenformen abdecken, brauchen sie nicht ausschließlich in ,Steinfliegenbiotopen' gefischt zu werden, sondern können schlechthin an allen Salmonidengewässern verwendet werden.

Die geflügelten Imagines sind meist in derselben Jahreszeit an denselben Orten anzutreffen. Ihre Standorttreue ist geradezu sprichwörtlich. Darum kann der Fliegenfischer allein aus der Erfahrung heraus stets die ,richtigen' Kunstfliegen anbieten. Die Naßfliegenfischerei verfügt über eine Reihe altbewährter Muster, welche die am häufigsten hier vorkommenden Steinfliegen zu imitieren imstande sind, obwohl es sich allein in Deutschland um über hundert Arten handelt, die aber, das muß einschränkend gesagt werden, nicht einmal der Fachmann auf den ersten Blick zu unterscheiden weiß. Von den flüggen Steinfliegen verfügen nur die großen Arten über (zwei ziemlich kurze) Schwanzfäden. Daher werden die klassischen Steinfliegenmuster grundsätzlich ohne solche Anhängsel gebunden.

Februarrote

Hakengröße 14
Körper: Braunes Seehund- oder Hasendubbing, schlank geformt
Flügel: Rote Rebhuhnschwanz-Zentralfeder (bei allen Steinfliegenmustern werden die Flügel stark nach hinten geneigt)
Hechel: Rotbraune Rebhuhn- oder Hennenhechel.

Steinfliege (Veniard)

Hakengröße 14, gelbe Bindeseide
Körper: Hasenohr über gelbe Seide gedubbt, mit gelbem Faden gerippt, schlank geformt
Flügel: Dunkle Blue Dun
Hechel: Dunkle Grizzly.

Die nun folgende, zitronengelbe Steinfliege *(Isoperla grammatica)* ist unter dem Namen Yellow Sally zu einem festen Begriff geworden. An sauberen Gewässern der Alpen- und Voralpenregion tritt sie von April bis August in oftmals unübersehbarer Anzahl in Erscheinung. Aber auch an

117

einigen Mittelgebirgsflüssen wird man diesem farblich so auffallenden Insekt begegnen. Wegen der Aktualität dieser Fliege schlage ich gleich zwei ausgezeichnete Muster vor:

Yellow Sally

Hakengröße 14 bis 16, gelbe Bindeseide
Körper: Gelbes Seehunddubbing, schlank geformt
Flügel: Hellgelb gefärbte Gänsefedern oder ähnliches
Hechel: Henne hellginger.

Yellow Sally (USA)

Haken und Bindeseide wie oben
Körper: Gelbe Seide, mit Goldtinsel gerippt, schlank geformt
Flügel: Beispielsweise hellgelbgefärbte Gänsefedern oder ähnliches
Hechel: Gelbgefärbte Hühnerhechel.

Die nun folgenden Steinfliegen der Familie Leuctridae zeichnen sich durch bestrickende Schlankheit aus. Daher auch die Bezeichnung Nadelfliege (Needle Fly). Ihre Hauptschlüpfzeit liegt zwischen Ende Februar und Anfang Oktober. Ihre Nachbildungen bindet man auf langschenklige Haken der Größe 16 bis 14.

Dunkle Nadelfliege (1)

Orangefarbene Bindeseide
Körper: Orangefarbene Seide
Hechel: Braune Randfeder vom Eulenflügel oder ähnliches.

Dunkle Nadelfliege (2)

Braune Bindeseide
Körper: Braunes und orangefarbenes Seehunddubbing sehr dünn angewunden
Flügel: Braune Hechelspitzen vom Huhn
Hechel: Braune Hechelfeder vom Fasanenhahn.

Eine Steinfliegen-Nachbildung, die sich auch hervorragend an Gewässern benutzen läßt, an denen diese Insekten kaum vorkommen, ist die Weidenfliege (Willow Fly). Sie stellt an manchen Flüssen die ungekrönte Königin der ausklingenden Forellensaison dar und ist dann Favoritin der sich nun mehr und mehr den Äschen zuwendenden Flugangler. Mit einem Satz: Die Weidenfliege ist eine klassische Septemberfliege, die selten enttäuscht. Alle Fliegen auf Hakengröße 16 bis 14.

Tafel 11. Oben: Diese Emerger-Fliege täuscht eine schlüpfende Eintagsfliege vor. – Unten: Eine frisch geschlüpfte Eintagsfliege (Dun), deren Schwanzfäden noch nicht ausgehärtet sind

Weidenfliege (1)

Körper: Graue Wolle oder Maulwurfsdubbing
Flügel: Graue Schwungfeder von Stockente oder Taube
Hechel: Blue Dun.

Weidenfliege (2)

Orangefarbene Bindeseide
Körper: Maulwurfsdubbing
Flügel: Sekundärfedern vom Amselflügel
Hechel: Rostbraune Hennenhechel.

Da auch im Winter zeitweise ein reger Steinfliegenschlupf einsetzt, der sich von Jahr zu Jahr auf Tag und Stunde genau wiederholen kann, sollte der Winterangler stets die Winterbraune bei sich führen.

Winterbraune

Körper: Orangefarbene Seide
Kopf: Ein, zwei Windungen Pfauenkiel
Hechel: Primärfedern vom Schnepfenflügel.

Obwohl die Steinfliege nicht so schlagartig und zahlreich wie die Eintagsfliege in Erscheinung tritt, wird sie auch als flugfähiges Insekt von den Fischen gern genommen! Weil sich dies stets im Oberflächenbereich abspielt, kommt nur die Schwimmschnur in Frage. Die Fliege wird am besten im Wasserfilm oder unmittelbar unter der Oberfläche angeboten.

Mücken, Schnaken und ihre Imitationen

Die Mücken und Schnaken, die zu den ‚Zweiflüglern' (Diptera) zählen, haben eine riesengroße Verwandtschaft, die bis zu unseren Stubenfliegen und ihren nicht weniger unappetitlichen Vettern und Basen reicht. Fliegenfischer englischer Zunge fassen sie unter dem Begriff Flat Wings, also Flachflüglige, zusammen. Mit allein etwa 1000 wassergebundenen Arten bilden diese Tierchen wichtige Glieder in der Nahrungskette in fließenden wie stehenden Gewässern. Das gilt für Sommer wie Winter. Denn neben einigen kältefesten Eintagsfliegen sorgen vorzüglich die winteraktiven Mückenarten für eine rege Freß- und Steigtätigkeit in den schnee- und eisverbrämten Äschenstrecken. Wer, wie der Verfasser, einen Großteil seiner Freizeit auch im winterlichen Revier verbringt, weiß aus eigener Anschauung, daß die Mücke im Erscheinungsbild solcher Tage selten fehlt.

Die für die Fliegenfischerei interessanteste Gruppe stellen wohl die Zuckmücken dar, zumal sich mit ihren Nachbildungen höchst ungeniert die Spezies der Wintermücken nachahmen lassen. Man unterscheidet Larve, Puppe und Imago, letztes das fertige, flugfähige Insekt (Abb. 44).

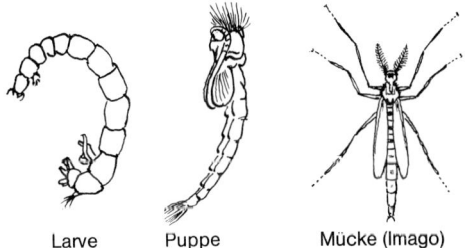

Larve   Puppe   Mücke (Imago)

Abb. 44. Links: Larve; Mitte: Puppe; rechts: Mücke (Imago)

Die Mückenlarve ist für die Naßfischerei weniger interessant, die Puppe dafür aber um so mehr. Die klassische Naßfischerei kennt eine Puppennachbildung, die, das sei hier ausdrücklich betont, in diversen Farben und Größen ein außerordentlich gutfangendes Universalmuster darstellt (Tafel 9, Seite 105).

Mückenpuppe *(Midge Pupa)*

Hakengröße 10 bis 16

Körper: Gutgewachste Seide, in orange, schwarz, rötlich, grünlich, gelblich oder bräunlich, die bis in die Hälfte des Hakenbogens gewunden wird. Die dunkleren Fliegenkörper werden mit feinem Kupferdraht gerippt, die helleren mit Silberdraht.

Thorax: Hierbei sollte auf das klassische Seehunddubbing verzichtet und das schwimmfähige Polypropylen-Dubbing verwendet werden, das der Körperfarbe entsprechen sollte. Der Thorax wird so dicht wie nur möglich geformt (wegen der Schwimmfähigkeit) und zu einem runden ‚Köpfchen' zurechtgestutzt (siehe auch Farbtafel).

Die künstliche Puppe wird einmal, in senkrechter Haltung, mit dem Kopf im Oberflächenfilm steckend, gefischt. Das auftriebgebende Polypropylen begünstigt diese Haltung, die auch die natürlichen, vom Kampf mit der Oberflächenspannung erschöpften Larven einnehmen. Hierbei müssen Schwimmleine und Vorfach ungehindert abtreiben können. Das Vorfach sollte bis zur Fliege gefettet sein. Aber auch Bewegung kann nicht schaden. Denn die Mückenpuppe unternimmt alsbald einen neuen Anlauf, indem sie sich leicht absinken läßt und aufs neue die Wasserhaut zu durchstoßen versucht. Auch diese Bemühungen lassen sich mit Rute und Leine vortrefflich nachvollziehen.

Die ausgewachsene Mücke kommt beim Schlüpfvorgang oder nach der Eiablage zu längerem Wasserkontakt. Zum Beispiel, wenn sie todesmatt auf die Oberfläche fällt, oder später, abgestorben, in den oberen Wasserschichten dahintreibt. Die Nachbildungen dieser sogenannten Midges sind ebenso einfach wie erfolgreich. Sie werden durchweg als Spider auf Hakengröße 12 bis 16 gebunden.

Schwarze Spinne *(Black Spider)* (W. C. Stewart)

Körper: Schwarze Fiber von Krähe oder ähnlichem, mit feinem Golddraht gerippt
Hechel: Lang von schwarzer Henne.

Grüne Spinne *(Green Spider)* (W. C. Stewart)

Wie oben, nur in grüngefärbten Materialien.

Goldspinne *(Golden Spider)* (W. C. Stewart)

Körper: Goldgelb gefärbte Fiber von Schwan, Gans oder ähnliches
Hechel: Gingerfarbene Hennenhechel, langfibrig.

Orange-Silber-Spinne (Orange and Silver Spider) (W. C. Stewart)

Körper: Orangefarbene Floßseide, mit feinem Silbertinsel gerippt
Hechel: Hellrote, langfibrige Hennenhechel.

Zum Schluß noch ein sehr attraktives Muster, das ein kopulierendes, ins Wasser geratenes Mückenpärchen vorstellt (siehe auch Übersicht 2).

Knotted Midge

Hakengrößen 12 bis 16, langschenklig
Körper: Schwarze Seide, mit feinem Golddraht gerippt
Fronthechel: Schwarzer Haushahn
Hinterhechel: Wie oben, nur kleiner und dichter gewunden.

Die Midges werden allesamt an der Schwimmschnur im Oberflächenbereich gefischt. Schlüpfende, erschöpfte, sterbende oder notgewasserte Insekten können nachgeahmt werden, indem sie der Angler völlig bewegungslos, aber auch mit ganz feinen Bewegungen durch die Strömung führt.

In schmerzhafter Erinnerung dürfte der Angler die Stechmücken (engl. gnats) behalten. Davon seien hier drei Varianten vorgestellt, von denen die erste eine Topffliege für die Herbstäsche und späte Forelle darstellt.

Black Gnat (1)

Hakengröße 14
Körper: Schwarze Seide
Flügel: Star
Hechel: Schwarze Henne.

Black Gnat (2)

Hakengröße 14 bis 16
Körper: Schwarze Krähenfiber oder ähnliches
Flügel: Zwei Büschel graue Mallardfiberspitzen, v-förmig abstehend, bis zu ²/₃ der Körperlänge eingebunden
Hechel: Schwarze Henne.

Black Gnat (Steinfort)

Hakengröße 16–18
Körper: Schwarze Seide oder Kunstraffia, mit feinstem Golddraht gerippt
Hechel: Brustfeder vom Star.

Diese Gnats werden genauso wie die vorangegangenen Midges gefischt. Sie sind auch ganz hervorragende Fliegen fürs Winterhalbjahr.

Es gibt Stunden, vor allem die Trockenfischer können davon ein Liedchen singen, da steigen die Fische zwar sehr intensiv nach irgend etwas Unbekanntem, die eigenen Fliegen werden jedoch hartnäckig abgelehnt. Gelingt es dann doch endlich, eine der begehrenswerten Ignorantinnen zu erwischen, ihren Mageninhalt zu erforschen, bestätigt sich die längst gehegte Vermutung: Es waren die berühmt-berüchtigten Kriebelmükken. Für den Naßfischer ist es jetzt kein Problem, ganz schnell eines der künstlichen, auf Hakengrößen 18 bis 22 gebundenen Minimückchen ans hauchdünne Vorfach zu knoten, deren natürliche Vorbilder sommertags geradezu massenweise von den Fischen aus dem Oberflächenfilm gesaugt werden. Sie bedecken das Wasser manchmal teppichartig und werden von den Engländern so treffend mit Smut (Schmutz) bezeichnet.

Red Smut (Roter Schmutz)

Körper: Eine rotbraune Wildvogelfiber
Hechel: Eine sehr kleine Badgerhechel.

Black Smut (Schwarzer Schmutz)

Körper: Schwarzes Pferdehaar, ersatzweise ein Strang Seide, gewachst
Flügel: Blue-Dun-Spitzen
Hechel: Dunkle Hühnerhechel.

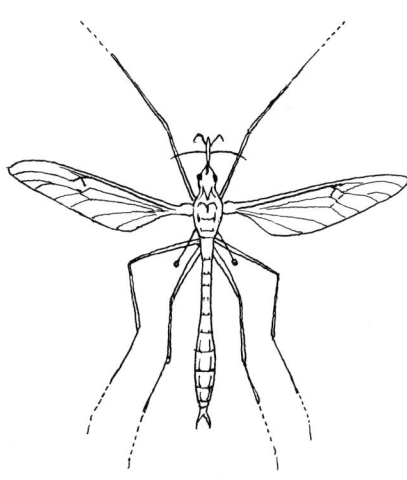

Abb. 45. Bachmücke (Daddy-Long-Legs)

Kommen wir nun zu den Bachmücken (Schnaken). Von den Nachbildungen dieser auffallend langbeinigen Spezies sind für uns nur die Daddy-Long-Legs von größerer Bedeutung. Alle anderen Insekten dieser Familie lassen sich mit dem einen oder anderen vorausgegangenen Muster ganz gut abdecken; vor allem aber mit den nun nachfolgenden. Die jetzt zu behandelnden stelzfüßigen Bachmücken aus der Familie Tipulidae sind sommertags eine gewohnte Erscheinung an unseren Gewässern (Abb. 45).

Man kennt von den Daddy-Long-Legs zwei bewährte Muster,
1. klassisch, 2. modern, beide auf die Hakengrößen 8 bis 10 gebunden.
Weder das eine noch das andere wird seine Wirkung verfehlen. Beide
fischt der Angler an der Schwimmschnur, wobei leichte Zupfbewegungen die Abdrift aber nicht zu stark beeinflussen dürfen.

Daddy-Long-Legs (1)

Körper: Dunkelbraunes Seehunddubbing und Maulwurf gemischt. Der
Hinterleib wird etwas schlanker als der Thorax geformt
Hechel: Dunkelbraune, ziemlich lange Hahnenfiber, sparsam über das
vordere Körperdrittel gewunden.

Daddy-Long-Legs (2)

Körper: Hinterleib aus bis zu drei Fibern vom Fasanenschwanz geformt,
mit feinem Goldtinsel gerippt. Thorax gleichfarbenes Seehunddubbing,
sehr dicht gewunden
Beine: Drei Paar lange Fasanenschwanzfibern, in die die Beingelenke
(einmal je Stück) hineingeknotet werden
Flügel: Zwei helle Blue-Dun- oder Badger-Hechelspitzen in Spentform
eingebunden.

Flohkrebse, Wasserasseln und Ruderwanzen

Flohkrebse sind fast in jedem Gewässer, vom Ozean bis hin zum kleinsten Quellbach, heimisch. Für uns ist nur die Gattung *Gammarus* von Interesse. Besonders in den Salmonidenwassern finden die Flohkrebse den Sauerstoff- und Kalkgehalt, der für ihr Wohlbefinden so unabdingbar ist. Ihre leicht gekrümmte Gestalt (Abb. 46) und die pumpenden Fortbewegungsmerkmale sind charakteristisch für diese etwa 15 bis 20 mm langen, von den Fischen sehr geschätzten Tierchen. Sie sind überwiegend am Grund zu finden, wo sie, stets auf Deckungssuche bedacht, von einem Stein zum andern oder zwischen Blatt- und

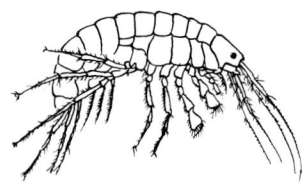

Abb. 46. Flohkrebs

Reisigmoder umherhasten. Künstliche Flohkrebsfliegen müssen deshalb tief, also in Bodennähe, geführt werden und, wenn möglich, in Schräg- oder Seitenlage, in der sich auch gewohnheitsgemäß das natürliche Vorbild fortbewegt. Im Idealfall wird die Imitation an einer (schnell-) sinkenden Leine mit kleinen Rucken über den Grund gezogen. Eine Bleibeschwerung verhilft der Fliege zum nötigen Tiefgang.

Flohkrebsfliege (Skues)

Hakengrößen 12 bis 14
Körper: Orange- und olivfarbenes Seehunddubbing gemischt, mit feiner Golddrahtrippung
Hechel: Eine blaßolivgefärbte Hahnen- oder Hennenhechel wird palmerartig über den Körper gewunden. Die über Rücken und Seiten stehenden Fibern werden mit der Schere gekappt.

Wasserasseln, auch Wasserläuse genannt, der Familie Asellidae sind zwar gegen allzu starke Strömungen ein bißchen empfindlich, aber schon in

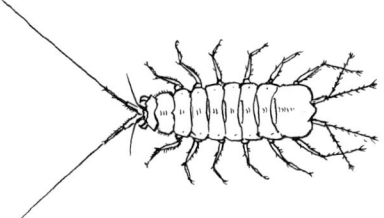

Abb. 47. Wasserassel

mäßig strömenden Äschenregionen fühlen sie sich recht wohl. Sie sind behende Schwimmer; und wegen ihrer enormen Fruchtbarkeit, die Weibchen sind das ganze Jahr über trächtig, ist ihr Erscheinungsbild den Fischen wohlbekannt (Abb. 47). Ihre Kopie wird am besten im Grundbereich angeboten und mit Blei beschwert.

Wasserassel

Hakengröße 12 bis 14
Körper: Graues und braunes Hasenhaar wird gemischt über den Haken gedubbt und mit feinem, flachem Silbertinsel gerippt. Mit der Dubbingnadel werden seitlich ein paar Haare hervorgezupft, welche die vielen Beine imitieren sollen
Hechel: Es kann, braucht aber nicht, eine einzige Windung von einer graubraunen Rebhuhnhechel eingebunden werden.

Ein weiterer, für die Naßfischerei sehr interessanter Wasserbewohner ist die Ruderwanze oder Wasserzikade aus der Familie Corixidae (Abb. 48). Von ihr gibt es 37 Arten, die nur der Fachentomologe unterscheiden kann. Aber unter Garantie kommt auch die eine oder andere in unserem Gewässer vor. Sie treten fast immer in Schwärmen auf und sind deshalb von den Fischen kaum zu übersehen. In ihrer feinen Körper- und Flügelbehaarung speichern sie Luft, die sie, klammerten sie sich nicht an

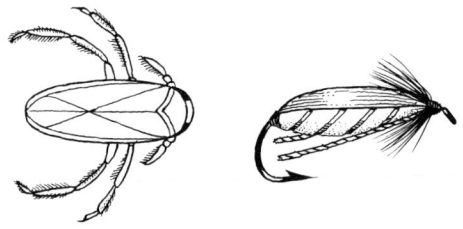

Abb. 48. Die Ruderwanze und ihre Nachbildung (Corixa)

127

Grund oder Vegetation fest, wie ein Kork nach oben schnellen ließe. Sie brauchen diesen Luftvorrat zum Atmen und müssen in gewissen Zeitabständen nach oben, um dieses lebenswichtige Element zu erneuern. Dazu durchstoßen sie mit dem Kopf die Wasseroberfläche, ein Vorgang, den der Naßfliegenfischer z. B. mit Hilfe eines forcierten Leisenring-Liftes nachahmt. Die Ruderwanzen, im Englischen Corixa genannt, werden auf Hakengröße 12 bis 14 gebunden.

Corixa

Körper: Schmutzigweiße Seide (weiße Seide mit Bindewachs tönen), mit Silberdraht gerippt
Flügelgehäuse: Aus braunen Rebhuhnstoß-Segmenten geformt
Schwimmruderpaar: Zwei schmale Federsegmente vom Rebhuhnstoß
Hechel: Eine schmale, gingerfarbene Hennenhechel (kann auch weggelassen werden).

Tafel 12. Die Weißdornfliege, *Bibio marci,* (engl. Hawthorn Fly), die Ende April bis Mitte Mai an den Ufern schwärmt. Auf dem kleinen Foto ihre Imitation

Landinsekten und andere Spezies
(Terrestrials)

Viele Fliegenbinder und -fischer, die sich zu sehr der Trockenfliege und Nymphe verschreiben, haben ein wichtiges Köderspektrum aus den Augen verloren: die Terrestrials. Dabei könnte man doch eigentlich gar nicht so blind die Ufer entlanglaufen, um die sirrende, schwirrende, flügelblitzende und krabbelnde Vielfalt kleiner und kleinster Mitbewohner der schönen Erde gedankenlos zu übersehen. Wo bleibt denn hier der scharfe Blick aufs Wasser? Da strampelt der bronzeschillernde Kerf, den ein Windstoß aus der Balance gebracht und ins nasse Element befördert hat, verzweifelt um sein Leben, bis sich die alte Standforelle seiner erbarmt und dem Mühen ein schnelles Ende bereitet. Der dicken, grünsaftigen Raupe, die ausgerechnet mitten in eine verdösende und verdauende Döbelschar klatschen mußte, ergeht es nicht besser. Und die gelbschwarze Hummel, die rücklings, mit ängstlich brummenden Startversuchen auf der Oberfläche kreiselt, bis sich ihr dichter Prachtpelz vollgesogen hat und seine Besitzerin unter Wasser zieht, wird zum wohlschmeckenden Happen der behäbigen, kaum noch steigenden Grundäsche.

Den allerletzten Beweis fördert der neugierig forschende Angler mit seinem Messer zutage, wenn er beim Ausnehmen der Fische gleich den Mageninhalt offenlegt. Neben der vorgenannten Kost verschiedener Art, Familie und Herkunft finden sich noch Spinnen, Motten, Schmetterlinge, Florfliegen, Heuschrecken, Asseln, Maden, Grillen, Ohrenkrabbler, Tausendfüßer, rauschspendende Blattläuse und gestrauchelte Ameisen. Ferner Wanzen, Bienen, Zikaden, Schmeißfliegen samt übriger Sippschaft und vieles mehr. Herr, Dein Garten ist wirklich groß! So unendlich groß, daß der nachbildungswillige Fliegenbinder an dieser Formenvielfalt hoffnungslos verzweifeln muß und der philosophischer Eingestellte sich weise auf ein paar wenige, aber allumfassende Grundmuster zu beschränken versucht.

Die Terrestrials, wie wir jene erdgebundenen Kleinlebewesen in neuem Fliegenfischerdeutsch einmal zusammenfassen wollen, sind also der stete Überraschungseffekt, den der Naßfliegenfischer während der wärmeren Jahreszeit in petto hat. Schon die wohlmeinenden Märzsonnenstrahlen können die ersten Tierchen ans Tageslicht locken und somit auch für den unfreiwilligen, meist tödlich endenden Wasserkontakt sorgen. Die Wahrscheinlichkeit solcher Malheurs erhöht sich mit dem Anstieg der Sonnenbahn und wird zu den augustschwülen Hundstagen hin zum alles überlagernden Faktum. Denn während des Hochsommers überwiegt bei den Fischen oftmals das Verlangen nach landgebundener Kleintierfauna, während die wassergeborenen Arten nur die Löcher dazwischen zu stopfen haben. Dieser Aspekt muß allerdings unter sehr relativierenden Gesichtspunkten betrachtet werden. Denn jene begehrenswerten Spezies begeben sich ja nur recht selten en masse, und niemals freiwillig ins verderbenbringende Bad. Immer sind es spekulative Fehllandungen, widrige Fallwinde, plötzliche Regengüsse und ähnliche Unbilden. Manchmal aber auch Folgen gewisser Überpopulationen. Deshalb wird der Angler von den Fischen aber um so mehr Entgegenkommen erwarten dürfen, je besser· er die entsprechenden Kunstfliegen zur bestimmten Zeit an entsprechender Stelle fachgerecht zu servieren versteht. Die Chance, mit einer der anschließend vorgestellten Terrestrial-Imitationen auf Anhieb eine sich z. B. jeder Trockenfliege verschließende Forelle an den Haken zu bekommen, ist während des Sommerhalbjahres immer gegeben, bis in die ausklingenden September oder beginnenden Oktober hinein. Dann erlischt plötzlich das Interesse – bei Fisch und Fischer.

Die meisten der irgendwie ins Wasser geratenen Terrestrials werden innerhalb kürzester Zeit, sofern sie nicht unmittelbar nach dem Einfall weggeschnappt worden sind, zu dicht unter der Oberfläche oder im Wasserfilm treibenden Naßfliegen. Dafür sorgt ihr spezifisches Gewicht im Zusammenspiel mit ihren mehr oder weniger lebhaften Befreiungsversuchen. Die dadurch erfolgende Benetzung und die Einwirkung eventueller Wasserturbulenzen leisten dem Versinken und Ertrinken zusätzlichen Vorschub. Die Nachbildungen dieser Tierchen sollte der Fliegenfischer dort anbieten, wo sie auch erwartet und erhofft werden, nämlich in Ufernähe unter Bäumen, Büschen und wildwuchernder Randvegetation. Der Überraschungseffekt der satt einplumpsenden Naßfliege kann nur von Vorteil sein, und der Neuling wird sich wundern, wie bedenkenlos sich die sonst doch so mißtrauische Standforelle auf den vermeintlichen Leckerbissen stürzt.

Schwarze und Rote Ameise

Hier gibt es zwei klassische Vertreter künstlicher Naßfliegen, deren natürliche Vorbilder sich immer wieder in den Mägen der Salmoniden finden, im Sommer wie im Winter. So erinnere ich mich an den letzten Januar, wo ich bei einer Magenuntersuchung erstaunt die Überreste eines solchen Tierchens im Verdauungsbrei des gefangenen Fisches feststellte. Speziell zu diesem Fund wäre zu bemerken, daß die Äsche, die sich diesen Happen zu Gemüte geführt hat, morgens um 11 Uhr, bei −4°C im Schatten, in tiefer, schneller Strömung, auf eine beschwerte Sedgelarve, an stark beschwertem Vorfach und mit Hilfe einer ‚Super-Fast-Sinking-Line' gefangen wurde. Diesem Tag war eine bitterkalte Nacht von −11°C vorausgegangen. Außerdem lag hoher Schnee. Man könnte sich jetzt die Frage stellen, wie eine Ameise als an sich wärmeliebendes und landgebundenes Lebewesen bei diesen ihm so feindlichen Wetterverhältnissen ins Wasser geraten sein könnte. Die Antwort dürfte einfach und wenig spektakulär sein: Infolge Uferunterspülung. Viel wichtiger aber ist der Beweis, daß auch wintertags durch ähnliche Umstände ins Wasser geratene Terrestrials ohne weiteres von den Fischen angenommen werden, und daß allein ständige und beharrliche Magenuntersuchungen derartige Fischwassergeheimnisse ans Tageslicht fördern.

Die traditionellen Ameisenmuster sind meist mit Flügeln versehen, die aber auch wegzulassen sind, sofern die Fliege schon einen Hechelkranz besitzt. Der Körper wird mit schlanker Taille gebunden, in die auch der sonst am Kopf plazierte Hechelkranz eingewunden ist. Der Hinterleib der künstlichen Ameise ist etwas dicker als Kopf und Brust.

Schwarze Ameise

Hakengröße 14, schwarze Bindeseide
Körper: Dunkler Pfauenkiel, mit einer Windung schwarzer Straußenfiber am Körperende als ‚Butt'
Flügel: Starenschwungfeder
Hechel: Schwarzer Hahn.

Rote Ameise

Hakengröße 14–16, rote Bindeseide
Körper: Karminrote Seide, mit einer Windung Pfauenfiber am Körperende als ‚Butt'
Flügel: Starenschwungfeder.

Käfer (Beetles)

Neben den Ameisen zählen die Käfer in ihrer natürlichen wie künstlichen Erscheinung zu den wichtigsten Landinsekten. Das gilt für den Angler wie für den Fisch. Es gibt eine sehr große Anzahl von Käferimitationen, von denen ohne zu übertreiben behauptet werden kann, daß die eine noch besser als die andere sei. Die bekannteste und vielleicht auch älteste Nachbildung ist der berühmte Coch-y-Bondhu, der seinen Namen von einem in der Naßfliegenbinderei sehr bevorzugten Skalp (Balg) erhalten hat, dessen Federn ein schwarzes Zentrum mit roten Außenfibern aufweisen. Im Idealfall besitzen diese noch schwarze Spitzen. Der Ausdruck kommt aus dem Wallisischen und ist nicht übersetzbar.

Coch-y-Bondhu

Hakengröße 12 bis 14
Körper: Ziemlich aufgedickt mit 4 bis 6 bronzefarbenen Pfauenfibern, am Ende ein ‚Tag‘ aus Goldtinsel
Hechel: Coch-y-Bondhu.

Ein anderes historisches Muster ist der Golden-Legged Beetle, der zum erstenmal 1853 in M. Theakston's ‚British Angling Flies‘ publiziert wurde. Um an den benötigten Elsternschwanz heranzukommen, der über den Fachhandel schwer erhältlich ist, braucht man gute Beziehungen zu einem Waidmann. Hier das Originalrezept:

Golden-Legged Beetle

Hakengröße 12 bis 14
Körper: Aus den in vielerlei Farben metallisch schimmernden Schwanzfedern einer Elster werden ein paar goldfarbene Fibern herausgenommen und zu einem dicklichen Körper geformt
Beine: Am Kopf der Fliege wird etwas honig- oder goldfarbenes Mohairdubbing (ersatzweise Seehund) eingebunden, und mit Hilfe einer Nadel werden die ‚Beinchen‘ herausgezupft
Flügel: Zwei Federsegmente aus den Körpermaterialfedern.

Anschließend gleich eine dritte, weltberühmte Käferimitation, allerdings aus neuerer Zeit. Ihr Erfinder ist der bekannte Angler und Schriftsteller Eric Horsfall Turner, der von seiner Kreation, dem ‚Eric's Beetle‘, behauptete, daß er damit schon gar nicht mehr fische, weil der Erfolg viel zu leicht sei. Mag diese Bemerkung auch ein bißchen humorvoll übertrieben sein, an manchen Tagen möchte man's wirklich glauben.

Eric's Beetle

Hakengröße 8 bis 10
Körper: Zunächst wird eine Lage blaßgelbe Seide aufgelegt, und danach werden mehrere Pfauenfibern, gut deckend, über die vorderen zwei Körperdrittel gewunden, so daß am Ende ein gelbes Hinterteil zum Vorschein kommt
Hechel: Zwei Windungen vom schwarzen Haushahn.

Mistkäfer

Hakengröße 8 bis 14
Körper: Ein Bund schwarze Straußenfibern
Rücken, Deckflügel: Schwarzer Bast, am Kopf und Ende festgebunden
Hechel: Schwarzer Hahn, zwei Windungen.

Wasserkäfer

Hakengröße 12 bis 14, braunes Bindegarn
Körper: Braune Wolle oder Straußenfibern
Rücken, Deckflügel: z. B. braune Truthahnfedern, wie oben befestigt
Ruderbeinpaar: Zwei Fibern aus gleicher Truthahnfeder, etwas spitzwinklig vom Körper abstehend.

Black and Peacock Spider

Hier haben wir es wieder mit einer außergewöhnlichen Fliege zu tun, die nur bedingt als Käfernachbildung bezeichnet werden darf, obwohl sie die Experten in diese Kategorie einordnen. Ihr Erscheinungsbild und vor allem ihre ‚Arbeit‘ im Wasser deckt sich jedoch mit vielerlei Kleintierformen, so auch Spinnen. Sie ist im stehenden wie im fließenden Wasser sehr erfolgreich, obwohl sie äußerst einfach zu binden ist und sehr bescheiden aussieht. Aber das ist ja bekanntlich bei vielen Top-Fliegen der Fall. Auf dem Kontinent ist die Black and Peacock Spider durch T. C. Ivens, einen englischen Stillwasser-Spezialisten, bekannt geworden, dessen Buch Anfang der 60er Jahre unter dem Titel ‚Fliegenfischen in Seen und Talsperren‘ im Verlag Paul Parey in deutscher Sprache erschienen ist.

Die Black and Peacock Spider ist ein ziemlich bejahrtes Muster, das schon 1816 in Bainbridge's ‚Fly-Fisher's Guide‘ Erwähnung fand. Sie kann in allen Wasserbereichen gefischt werden und ist, wie bereits betont, eine ausgezeichnete Fliege für stehende Gewässer. In ihrer Vielseitigkeit ist sie ebenso imstande, bestimmte Terrestrial-Gruppen zu imitieren wie z. B. auch die grundtief hausende Köcherfliegenlarve oder eine im Wasserfilm schlüpfende Eintagsfliege.

Black and Peacock Spider

Hakengröße 8 bis 12
Körper: Ein dicker, rundlicher Körper wird aus mehreren Pfauenfibern auf einen großbogigen, nicht zu langen Haken gewunden
Hechel: Zwei Windungen einer langfibrigen, schwarzen Hahnenhechel.

Bienen, Wespen, Hummeln und Fliegen

Hier haben wir es mit einer Reihe von Insekten zu tun, die der aufmerksame Beobachter immer wieder in seinem Fischwasser als hilflose Unfallopfer treiben sieht. Kein Wunder, daß die Alten, die zu solchen Nachforschungen viel mehr Muße aufbrachten, ihre Betrachtungen und Erkenntnisse, ungeachtet ihrer groben und beschränkten Mittel, in die Tat umsetzten und eine Reihe von Fliegenmustern schufen, die die wichtigsten landgebundenen Zweiflügler-Familien und -Gattungen abdecken. So wurde bereits 1496 (!) in England ein noch heute brauchbares Wespenmuster erwähnt. Seltsam, daß heute, wo das Gros der Fliegenfischer nur die Eintags- und bestenfalls noch die Köcherfliege zu kennen scheint, es die Amerikaner und die weltenfernen Neuseeländer waren, welche die künstlichen Bienen, Wespen und Hummeln wiederentdeckten. Denn die Tradition dieser sehr effektiven Muster wurde in letzter Zeit nur noch in Großbritannien gepflegt.

Biene

Hakengröße 12, schwarze Bindeseide
Körper: Von hinten erst gelbes, dann braunes und am Thorax schwarzes Seehunddubbing, Mohair oder Seide
Flügel: Zwei Mallardspitzen-Büschel, v-artig und flach über den Rücken gebunden
Hechel: Coch-y-Bondhu.

Biene (USA)

Hakengröße 8 bis 12

135

Körper: Hinten gelbe Chenille, vorne schwarze
Flügel: Segmente aus brauner Fasanenfeder
Hechel: Coch-y-Bondhu.

Wespe, Schwebfliege (1496)

Hakengröße 10 bis 14
Körper: Dunkelbraunes und schwarzes Hasendubbing gemischt, mit
einem Strang gelber Seide gerippt
Beine: Mit der Nadel etwas schwarzes Dubbing hervorzupfen
Flügel: Graue Mallardspitzen.

Gelbe Hummel

Hakengröße 6 bis 8
Körper: Tiefgelbe Seide, dick aufgewunden und mit einer Pfauenfiber
gerippt
Hechel: Weiche Honig-Dun, palmerartig über den Körper gewunden.

Orangefarbene Hummel

Hakengröße 8 bis 12
Wie oben, nur orangefarbene Seide und Coch-y-Bondhu-Hechel.

Schmeißfliege (Blue Bottle 1)

Hakengröße 12, schwarze Bindeseide
Körper: Blaue Floßseide, dick aufgewunden, mit einer schwarzen Strau-
ßenfeder gerippt
Flügel: Zwei Blue-Dun-Hechelspitzen über den Rücken gelegt
Hechel: Schwarzer Haushahn, höchstens zwei Windungen.

Schmeißfliege (Blue Bottle 2)

Haken und Bindeseide wie oben
Körper: Blaues Lurex
Kopf: Rote Floßseide
Hechel: Schwarzer Haushahn, palmerartig über den Körper gewunden.

Gelbe Schmeißfliege

Hakengröße 12, gelbe Bindeseide

Tafel 13. Drei klassische Vorbilder für die Naßfliegenfischerei. Oben: Die lebhafte
Eintagsfliegennymphe der *Baetis.* – Mitte: Die frei lebende Köcherfliegenlarve
(Hydropsyche). – Unten: Die urtümliche Steinfliegenlarve der Großen Perla

Körper: Gelbes und etwas olivfarbenes Seehunddubbing gemischt, oder das gleiche Material mit etwas Gelb und viel Orange
Flügel: Zwei Hechelspitzen vom gleichfarbenen Hahn über den Rücken
Hechel: Ginger Henne oder Haushahn.

Stubenfliege (T. C. Hofland)

Hakengröße 14, schwarze Bindeseide
Körper: Schwarze Straußenfiber
Flügel: Schwungfeder vom Star
Hechel: Schwarzer Haushahn.

Bremse (Horse Fly)

Hakengröße 10 bis 12, schwarze Bindeseide
Körper: Schwarze Chenille
Flügel: Zwei Hechelspitzen vom schwarzen Haushahn, über den Rücken
Hechel: Grizzly-Hahn.

Kuhmistfliege (Cowdung Fly 1)

Hakengröße 12 bis 14
Körper: Gelbbraune Wolle, dick und zylindrisch geformt
Flügel: Zwei Segmente aus der grauen Schwungfeder einer Taube
Hechel: Gelbbraune Henne.

Kuhmistfliege (Cowdung Fly 2)

Hakengröße wie oben
Körper: Gelbes und braunes Seehunddubbing mit etwas Oliv gemischt
Hechel: Rotbrauner Hahn, palmerartig und nicht zu dicht über den Körper gewunden.

Gallwespe, Schlupfwespe (Oak Fly)

Hakengröße 14, graue Bindeseide
Körper: Orangefarbene Seide, wobei die graue Bindeseide an Schwanz und Schulter etwas zum Vorschein kommen muß
Beine: Rote Hahnenhechelspitzen, bartähnlich befestigt
Flügel: Federsegmente der Waldschnepfe

Weißdornfliege, Schwarze Mücke (Hawthorn Fly)

Hakengröße 12 bis 14
Körper: Schwarze Seide, Thorax schwarze Straußenfiber
Beine: Zwei lange, schwarze Hahnenfibern, schräg nach hinten

Flügel: Zwei Blue-Dun-Hechelspitzen
Hechel: Kann weggelassen werden, sonst schwarzer Hahn.

Die Weißdornfliege *(Bibio marci)* erscheint meist um die Tage des
Heiligen Markus (25. April), wenn die Baumblüte in voller Pracht steht,
und schwärmt bis weit in den Mai hinein. Es sind relativ große,
schwarze ‚Mücken‘, an denen viele von uns schon vorübergegangen
sind. Schattenspendende Uferbäume sind bei diesen echten Landinsekten
sehr beliebt, in deren Schutz sie zuhauf ihren Hochzeitsreigen tanzen,
wobei – Liebe macht halt blind – nicht wenige im Wasser landen. Und
auch der frische Frühlingswind fegt diese etwas schwerfälligen Tierchen
leicht von Blatt und Halm. Die Fische bemerken schnell diese Zukost
innerhalb des Uferbereichs, wo ihnen auch die Imitation präsentiert
werden sollte. Es fällt nicht schwer, diese Insekten bereits im Flug richtig
anzusprechen, denn ihre dabei lang herabhängenden Hinterbeine machen
sie unverwechselbar.

Motten oder Schmetterlinge

Es existieren zwar einige Schmetterlingsarten der Zünsler, die ihre Eier
im Wasser ablegen, aber hier handelt es sich nur um stehende, für den
Fliegenfischer uninteressante Gewässer. Jene Schmetterlinge, Falter oder
Motten, die für uns in Frage kommen, geraten fast immer sehr unfrei-
willig in das kühle Naß. Der größte Anteil geht hier auf die Nacht- oder
Abendfalter, die vom Nichtfachmann oder Volksmund durchweg als
‚Motten‘ bezeichnet werden. Meist spielen sich all diese kleinen Tragö-
dien bei Nacht oder in der Dämmerung ab, von den Menschen nicht
beachtet oder nicht gesehen, dafür aber um so besser von den Forellen
wahrgenommen. Manch satter Platscher, den der nächtens nach voll
ausgekostetem Abendsprung am Wasser heimwärtsstrebende Fischersmann vernimmt, geht auf Kosten eines solchen Forellengustos. Deshalb
zählen die künstlichen Motten, wie wir sie einmal fachgerecht benennen
wollen, zu den vortrefflichsten Nacht- und Dämmerungsfliegen, die es
gibt. Immer werden sie halbnaß im Wasserfilm, oder naß in den oberen
Bereichen angeboten. Der Fischer kann sie dabei ungehindert abtreiben
lassen und schlägt, falls es stockdunkel ist, nach Gehör an, oder er führt
sie gefühlvoll an lockerer Leine und haucht ihnen dann und wann, mit
verhaltenem Zug, ein paar matt wirkende Bewegungen ein. Eins ist

sicher: Die künstlichen Motten gewährleisten eine der besten Chancen, mit einem auf nächtlichem Raubzug befindlichen Großsalmoniden zusammenzugeraten. Welchem der nun folgenden Mottenmuster der Vorzug zu geben ist, muß der Versuch oder die eventuelle Magenprobe zeigen.

Weiße Motte

Hakengröße 8 bis 12
Körper: Weiße Wolle oder Seehunddubbing
Flügel: Weiße Taube oder Ente
Hechel: Weiße Henne.

Graue Motte

Hakengröße 12 bis 14
Körper: Graue Seide, mit Goldtinsel gerippt
Flügel: Schwungfeder vom Star
Hechel: Blue Dun.

Kutscher (Coachman)

In allen gängigen Hakengrößen verwendbar
Körper: Mehrere Pfauenfibern, dick und rundlich eingewunden
Flügel: Weiße Taube oder Ente
Hechel: Rote Henne oder Hahn.

Grauwedel (Grey Duster)

Hakengröße 8 bis 14
Körper: Graublaue Hasen- oder Kaninchenunterwolle, rundlichdick
Hechel: Blue-Dun-Henne.

Brown Bustard

Hakengröße 6 bis 8, braune Bindeseide
Körper: Dick aus brauner Hasenwolle, mit flachem Goldtinsel gerippt
Hechel: Ginger, Hahn oder Henne.

Der Brown Bustard imitiert alle größeren braunen Nachtfalter und wird in der Regel halbnaß gefischt.

Raupen

Mit den zuvor behandelten Schmetterlingen eng verbunden sind die Raupen, die ja deren Vorstufe darstellen. Man sagt, daß die Schmetterlingsraupen häßlich seien. Sie sind's nicht! Der Naturfreund, und welcher richtige Angler ist das nicht, wird immer Bewunderung für die mannigfachen Formen und Farben dieser Geschöpfe aufbringen, selbst wenn sie von sehr bizarrem Aussehen sind und manchmal vor Haaren, Warzen, Dornen und diversen Anhängen nur so starren. Die Raupen, durchweg kräftige Happen, werden von den Fischen, und ganz besonders von den Döbeln, sehr geschätzt. Ihr Formen- und Farbenreichtum wird am besten mit den Palmern, auf Hakengröße 8 bis 14 gebunden, abgedeckt, die aber bekanntermaßen auch noch andere Terrestrials imitieren. So z. B. Käfer, Blattwanzen, Asseln, Tausendfüßer und Ohrwürmer. Die Palmer werden mit Hahnenhecheln minderer Qualität oder weichen Hennenhecheln hergestellt, damit sie nach dem Einfall im Wasser sofort absinken. Im Gegensatz zu den herkömmlichen Gepflogenheiten werden die Palmerhecheln vom Körperende in Richtung Fliegenkopf gewunden. Palmer lassen sich mit allen Methoden der Naßfliegentechnik fischen, also vom Grund bis in die oberen Bereiche sowie an der Wasseroberfläche.

Grüner Palmer

Körper: Grünes Seehunddubbing, mit ovalem Goldtinsel gerippt
Kopf- und Körperhechel: Grüngefärbter Haushahn.

Roter Palmer

Körper: Scharlachrotes Seehunddubbing, mit ovalem Goldtinsel gerippt
Kopf- und Körperhechel: Rotbrauner Hahn oder Henne.

Grauer Palmer

Körper: Graues Seehunddubbing, mit ovalem Goldtinsel gerippt
Kopf- und Körperhechel: Badger- oder Blue-Dun-Hahn oder -Henne.

Schmutzigweißer Palmer

Körper: Weißes Seehunddubbing, mit etwas bluedunfarbenem gleichen Material gemischt, und mit ovalem Silbertinsel gerippt
Kopf- und Körperhechel: Leicht ginger Hahn oder Henne.

Schwarzer Palmer

Körper: Dunkelbraunes oder schwarzes Seehunddubbing, mit ovalem Goldtinsel gerippt
Kopf- und Körperhechel: Schwarzer Hahn oder Henne.

Grizzlypalmer

Körper: Schwarzes Seehunddubbing, mit ovalem Goldtinsel gerippt
Kopf- und Körperhechel: Vom grizzlyfarbenen Haushahn.

Abschließend noch eine Raupenversion, der Woolly Worm, von der hauptsächlich die gelbe Ausführung für uns interessant ist. Der Woolly Worm wird auf einen sehr langschenkligen Haken der Größe 12 bis 10 gebunden. Er besitzt im Gegensatz zu den Palmern ein Schwänzchen. Ferner wird bei ihm die lange, gelbgefärbte Hahnenhechel vom Kopf in Richtung Schwanz gewunden.

Woolly Worm

Körper: Gelbe Chenille, mit Golddraht gerippt
Schwanz: Rote Ibis- oder Hahnenfibern
Hechel: Eine lange gelbgefärbte Hahnenhechel.

Caterpillars und Grubs

Hier kommen wir, der englische Ausdruck für Raupe sagt's schon, zu den reinen Raupen- und Madennachbildungen, oder zu den madenähnlichen Raupen, den ,grub-like caterpillars', wie der Brite sagt. Fangen wir zunächst mit dem alten Mister Bainbridge an, der auch die Black and Peacock Spider populär gemacht hatte.

Bainbridge's Caterpillar

Hakengröße 8 bis 12
Körper: Mehrere Pfauenfibern, mit Goldtinsel gerippt
Hechel: Roter Hahn, palmerartig über den ganzen Körper gewunden.

Während die Bainbridge-Raupe noch etwas zu den Palmern hin tendiert, bekommt die folgende Fliege, die Braunhaarige Marie, schon ein etwas realistischeres Aussehen, während die nächste, die Grüne Raupe, obwohl gar nicht so neu, schon sehr moderne Akzente setzt.

Brown Hairy Mary

Langschenklige Haken, Größe 8 bis 12
Körper: Mehrere braune Straußenfibern
Hechel: Brauner Hahn, palmerartig über den gesamten Körper gewunden, hernach alle Fibern kurz gestutzt.

Grüne Raupe

Auf einem kurzschenkligen 14er Haken wird ein dreimal so langes Stück grüne Chenille mit dunkelbrauner Bindeseide festgewunden, so daß es nach hinten frei übersteht und in der Strömung spielt.

Chenille Grubs

Die Chenille-Maden, auf kurzschenklige Haken der Größe 12 bis 14 gebunden, decken ein breites Köderspektrum ab: von der Fliegenmade bis zur Raupe, von der Köcherfliegenlarve bis hin zur Wespenpuppe. Sie sind sehr einfach und anspruchslos herzustellen.

Der Haken wird bis in den Bogen hinein madenähnlich mit grüner, gelber, brauner, orangefarbener oder weißer Chenille umwunden und mit heller Angelschnur gerippt. Das Fliegenköpfchen besteht aus dem verwendeten schwarzen oder braunen Bindegarn. Und schon ist die Fliege fertig und fangbereit. Wie sie gefischt wird, bleibt dem Angler und seinen Vorstellungen, was der Köder jeweils imitieren soll, überlassen.

Zwanzig gute Äschenfliegen

Die klassische Äschenfliege wurde eigentlich immer schon auf kleine Haken gebunden, und klein stellt sie sich der Durchschnittsangler auch vor. Dieser Ansicht entspricht dann auch die Meinung, daß die schöne Fahnenträgerin sich nur kleinen und feinsten Happen zuwende. Doch das ist beileibe nicht der Fall. Denn, wer etwa gegen den Herbst zu das Menü einer soeben gefangenen Äsche unter die Lupe nimmt, dürfte schnell eines Besseren belehrt werden und sich verwundert fragen, wie dieser Fisch mit seinem relativ kleinen und unterständigen Maul wohl solche Brocken wie die große, platte Blattwanze oder den sperrigen Sedgeköcher herunterbekommen hat. An der vielzitierten Pingeligkeit, die der Äsche nachgesagt wird, sollten also gewisse Abstriche gemacht werden, und das vor allem bei der Fischerei mit der nassen, tief geführten Fliege.

Hat die Trockenfliege meistens nur in kleineren Abmessungen eine echte Chance, genommen zu werden, so sieht das bei einer unmittelbar unter der Wasseroberfläche gefischten Naßfliege bereits ganz anders aus. Hier werden selbst ,Riesen' der Größen 10 bis 12 genommen. Daß aber Äschen auch so beeindruckende Muster der Nummern 6 bis 8 angreifen und daran hängenbleiben, wie etwa die gleich noch zu beschreibenden Jumbo-Fliegen, sofern sie nur tief und richtig in der Strömung geführt werden, hat ja das Kapitel über das Fischen mit sinkenden Leinen bereits gezeigt. Eine Vergröberung unserer feinsten und vornehmsten Sparte also? Auf keinen Fall! Aber nur so hat der Fischer die Aussicht, eine der großen, kaum noch steigenden Grundäschen an die Fliege zu bekommen. Daß jene überdimensionierten Monster, im Gegensatz zu größeren Trockenfliegen, überhaupt Leben fassen und auch halten, mag mit der Anatomie des Äschenmauls und den spezifischen Steiggewohnheiten seiner Besitzerin zusammenhängen. Man darf aber auch den manchmal allzu überhasteten Anschlag beim Trockenfischen fur gewisse magere Tagesstrecken mitverantwortlich machen, denn die Äsche pflegt, genau wie der Döbel, Oberflächennahrung einzusaugen. Das braucht manchmal seine Zeit. Will der Fischer große Äschen auf großen Naßfliegen fangen, muß er Geduld und Ausdauer aufbringen und vor allem die exakte Tiefführung diverser Naßfliegen lernen. Wer aber von der klassischen Methode nicht abweichen kann oder möchte, dem seien die nun folgenden zwanzig Äschenmuster empfohlen, von denen zum Teil, wie bei vielen guten Fliegen, auch trockene Versionen existieren. Wobei der Hinweis gestattet sei, daß erfahrene Äschenfischer, will partout nichts auf die Trockene steigen, diese unter Wasser ziehen und mit ihr naß fischen. Nicht selten geht's dann Schlag auf Schlag. Abschließend sei noch die Feststellung erlaubt, und das ist die einhellige Meinung aller wirklich ehrlichen Äschenspezialisten, daß es einer sogenannten Äschenfliege in den allerwenigsten Fällen bedarf, um erfolgreich zu sein. Ein großer Teil der zuvor beschriebenen Naßmuster ist für den Fang dieses faszinierenden Fisches gut. Die vielzitierte Sensibilität der Äsche trifft höchstenfalls für die Trockenfischerei zu.

Alle folgenden Muster werden, sofern nicht besonders angegeben, auf Hakengröße 14 bis 16 gebunden.

Rotschwanz *(Red Tag)*

Körper: Mehrere Pfauenfibern
Schwanz, Tag: Ein rotes Wollbüschel
Hechel: Rotbraune Hennen- oder Wildvogelhechel.

Weißschwanz *(White Tag)*

Wie oben, nur mit weißem Wollbüschel.

Hexe *(Witch)*

Körper: Mehrere Pfauenfibern
Schwanz: Rotes Wollbüschel
Hechel: Rotbraune Henne oder Hahn, palmerartig gewunden.

Silberhexe *(Silver Witch)*

Körper: Mehrere Pfauenfibern, mit Silbertinsel gerippt
Schwanz: Rotes Wollbüschel
Hechel: Badger, palmerartig gewunden.

Teufelchen *(Imp)*

Hakengröße 16
Körper: Zwei Reiherfibern, zusammengedreht
Tag: Goldtinsel
Schwanz: Rote Ibis- oder gefärbte Hahnenfibern
Hechel: Schwarzer Hahn oder Henne.

Flaschenteufelchen (Bottle Imp)

Hakengröße 16
Wie oben, nur Körper aus blaugrauer Wolle und ohne Tag.

Graubraune

Körper: Maulwurfdubbing, mit Silberdraht gerippt
Schwanz und Hechel: Dunkelbraune Rebhuhnhechel und -fibern.

Hatching Special

Hakengröße 18
Körper: Maulwurfsdubbing, mit feinstem Golddraht gerippt
Hechel: Kurzfibrige Blue-Dun-Hahnen- oder Hennenhechel.

Imperial

Purpurfarbene Bindeseide
Körper: Reiherfiber, mit Golddraht gerippt
Thorax: Eine zweite Reiherfiber
Schwanz: Ein paar Fibern vom oben genannten Hahn
Hechel: Honig-Dun-Hahn oder -Henne.

Kleine Dunkelolivfarbene (Nymphal Shuck)

Hakengröße 18
Körper: Blanker Pfauenkiel
Thorax: Graue Hasenunterwolle
Schwanz: Ein paar kurze Fibern vom Blue-Dun-Hahn
Hechel: Kurze Blue-Dun-Henne.

Grünes Insekt (Green Insect)

Körper: Pfauenfibern
Hechel: Blue Dun-Henne.

Brooke's Fancy

Körper: Purpurfarbene Seide, mit einer Pfauenfiber gerippt
Hechel: Weiße Henne.

Lock's Fancy

Körper: Gelbe Seide, mit Golddraht gerippt
Flügel: Blasse Innenseite von Starenprimärfedern
Schwanz: Honig-Dun-Hahnenfibern
Hechel: Honig-Dun-Hahn oder -Henne.

Priest

Hakengröße 14
Körper: Flachsilbertinsel mit ovalem Silbertinsel gerippt
Schwanz: Rote Ibis- oder gefärbte Hahnenfibern
Hechel: Badger-Hahn.

Orange Otter

Hakengröße 12 bis 14
Körper: Orangefarbenes Seehunddubbing
Schwanz: Rotbraune Hahnenfibern
Hechel: Rotbraune Henne, von der Mitte des Körpers nach vorn gewunden.

Blue Badger

Körper: Blaue Seide, mit Silberdraht gerippt
Hechel: Badger-Hahn, palmerartig über den Körper gewunden.

La Favorite

Hakengröße 16 bis 18
Körper: Roter Kiel
Schwanz: Weiße Hahnenfibern
Hechel: Rotviolett gefärbte Hechel.

Laramie

Körper: Scharlachrote Seide, mit Silberdraht gerippt
Schwanz: Ein kurzes Büschel vom Körpermaterial
Flügel: Ein paar graue Mallardspitzen
Hechel: Blue Dun-Henne.

Broughton's Point

Körper: Weinrote Seide
Flügel: Primärfedern von Starenflügeln
Hechel: Eine schwarze und eine rotgefärbte Hahnenhechel.

Wasserkönigin (Queen of the Water)

Körper: Orangefarbene Seide, mit feinem Golddraht gerippt
Tag: Flaches Goldtinsel
Flügel: Graue, schwachgezeichnete Mallardspitzen
Hechel: Rotbraune Hahnen- oder Hennenhechel.

147

Reiz- und Phantasiefliegen (Attractors)

Diese meist farbig und kontrastreich aufgemachten Naßfliegen, im Englischen vorwiegend als Attractors bezeichnet, haben keine direkten lebenden Vorbilder, sondern sie reizen den Fisch allein durch ihre provozierende Auffälligkeit zum Anbiß. Die Hauptverwendungsmöglichkeit solcher Fliegen liegt im Stillwasserbereich, also z. B. in Seen und Talsperren. Aber auch in den Mündungsgebieten der Flüsse sowie in den Brackwasser- und Küstenregionen, wo mit der Meerforelle gerechnet werden muß, können sie sehr wirkungsvoll sein.

Zu Hause, in den Salmonidenrevieren, sind sie vor allem im zeitigen Frühjahr, wenn die Flüsse noch viel und nicht allzu klares Wasser führen, ganz hervorragend zu gebrauchen. So manchem ausgehungerten Kapitalen wird eine dieser Fliegen jetzt zum Verhängnis. Und wer mit dem ‚Gespann‘, also mit zwei oder drei verschiedenen Fliegen am Vorfach, zu fischen gedenkt, der tut immer gut daran, eine möglichst glitzernde und effektvolle Reizfliege als Strecker an die Spitze zu binden.

Werden diese Fliegen solo gefischt, sei es im stehenden oder fließenden Wasser, an schwimmender oder sinkender Leine, dann sollte der Fischer bedacht sein, sie relativ schnell zu führen und einzuholen. Nur so lassen sich ihre Reize voll ausspielen. Was die Wahl der richtigen Fliege zur richtigen Zeit anbelangt, kann ich nur die alte Fliegenfischerweisheit weitergeben, die zumindest auf die gleich folgenden Muster zutrifft: Helle Tage – dunkle Fliegen, dunkle Tage – helle Fliegen.

Peter Ross

Hakengröße 8 bis 14
Körper: Hintere Hälfte Silbertinsel, mit feinem Silberdraht gerippt. Vordere Hälfte rote Wolle oder Seehunddubbing, mit demselben Silberdraht überrippt
Schwanz: Goldfasanfibern (gold, mit schwarzen Spitzen)
Flügel: Krickenten-Flankenfibern (Teal), etwas gerollt
Hechelbart: Schwarze Henne.

Fleischer (Butcher)

Hakengröße 8 bis 12
Körper: Silbertinsel, mit Silberdraht gerippt

148

Schwanz: Knallrote Fibern
Flügel: Segmente aus den blauen Spiegelfedern der Stockentenflügel
Hechelbart: Schwarze Henne.

Goldfleischer (Golden Butcher)

Wie oben, Körper nur mit goldenem Tinsel und Draht.

Königskutscher (Royal Coachman)

Hakengröße 8 bis 14
Körper: Thorax Pfauenfiber, in der Mitte rote Seide, am Ende ein Butt aus Pfauenfibern
Schwanz: Goldfasanfibern
Flügel: Segmente etwa aus weißer Entenfeder
Hechelbart: Rötliche Hennen- oder Wildvogelfibern.

Alexandra

Hakengröße 6 bis 14
Körper: Silbernes Flachtinsel, mit ovalem Silbertinsel gerippt
Schwanz: Rote Ibis- oder Schwanenfibern
Flügel: Ein dickes Bündel grünschillernde Fibern aus der Schwertfeder des Pfaues, links und rechts von roter Ibis- oder gefärbter Schwanenfeder flankiert
Hechelbart: Schwarzer Hahn oder Henne.

Zulu

Hakengröße 8 bis 12
Körper: Schwarze Wolle, mit Silbertinsel gerippt
Schwanz: Ein Büschel rote Wolle
Kopfhechel: Schwarze Henne
Körperhechel: Schwarze Henne, palmerartig über den Körper gewunden.

Blue Zulu (Blauer Zulu)

Wie oben, nur mit blaugefärbter Kopfhechel vom Haushahn.

Goldfliege (Wickham's Fancy)

Hakengröße 10 bis 14
Körper: Goldtinsel, mit Golddraht gerippt
Schwanz: Rote Ibis- oder gefärbte Schwanenfibern
Flügel: Segmente aus Sekundärfedern des Stars

149

Kopfhechel: Rote Henne
Körperhechel: Rote Henne, palmerartig über den Körper gewunden.

Mallard and Gold

Hakengröße 10 bis 14
Körper: Goldtinsel, mit Golddraht gerippt
Schwanz: Goldfasanfibern
Flügel: Bronzemallard Brustfedern
Hechelbart: Orangegefärbte Hahnenfibern.

Connemara Black

Hakengröße 8 bis 12
Körper: Schwarzes Seehunddubbing, mit ovalem Silbertinsel gerippt
Schwanz: Goldfasanfibern
Flügel: Bronzemallard Brustfedern
Hechel: Schwarze Henne und blaue Eichelhäherfeder, nicht zu dicht.

Black Pennell

Hakengröße 8 bis 12
Körper: Schwarzes Seehunddubbing, mit ovalem Silbertinsel gerippt
Schwanz: Goldfasanfibern
Flügel: Keine
Hechel: Schwarze Henne.

Invicta

Hakengröße 8 bis 10
Körper: Tiefgelbes Seehunddubbing, mit Gold- oder Silbertinsel gerippt
Schwanz: Goldfasanfibern vom Kragen oder Schopf
Flügel: Segmente vom Waldschnepfenflügel
Hechel: Gelbolivgefärbte Hühnerhechel, mit einer blauen Eichelhäherfeder gemischt.

Black and Silver Spider

Hakengröße 12 bis 14
Körper: Silbertinsel
Hechel: Lange, schwarze Hennenhechel, sparsam eingebunden.

Krickente und Rot (Teal and Red)

Hakengröße 10 bis 14
Körper: Rotes Seehunddubbing, mit ovalem Goldtinsel gerippt

150

Schwanz: Goldfasanfibern
Flügel: Krickenten-Fiberspitzen
Hechel: Von rotbrauner Henne.

Zimt und Gold (Cinnamon and Gold)

Hakengröße 10 bis 14
Körper: Goldtinsel, mit Golddraht gerippt
Schwanz: Goldfasanfibern
Flügel: Segmente aus einer zimtfarbenen Feder des Rebhuhnstoßes
Hechel: Braune Henne.

Der kreative Scherenschnitt

Wie man aus einer Hechelnaßfliege mit Schwanz mindestens ein Dutzend effektiver Imitate herstellen kann, zeigen folgende Abhandlung und Abb. 49. Auch dieser Trick ist nur wieder mit der Naßfliege möglich. Der Angler bindet zunächst ein oder mehrere Grundmuster (Abb. 49, Nr. 1) und stutzt diese dann je nach Bedarf zurecht. Die Notwendigkeit solch schneller Operationen ergibt sich manchmal zwangsläufig nach

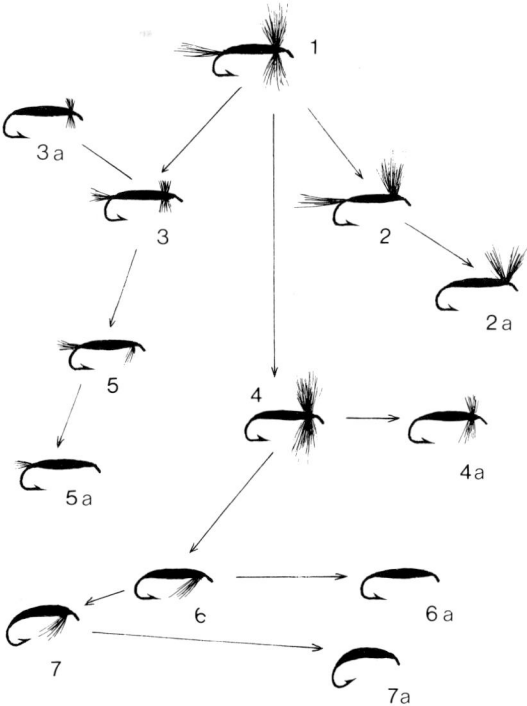

Abb. 49. Der kreative Scherenschnitt. Aus dem Grundmuster (1) lassen sich durch Beschneiden der Kopfhechel und der Schwanzfibern die verschiedensten Arten von Fischnährtierchen nachahmen. 2: Eintagsfliegen; 2a: Zweiflügler (Wasser- und Landinsekten); 3 und 3a: verschiedene Nymphen und Larven; 4: Spinnen (Spiders); 4a: Käfer; 5: Flohkrebse; 5a: Nymphen; 6: Corixa; 6a: Made; 7: Köcherfliegenpuppe; 7a: freilebende Köcherfliegenlarve. Bei den Köcherfliegenmustern wird der Fliegenhaken etwas krumm gebogen

Magenuntersuchungen, plötzlich einsetzendem Insektenschlupf oder sonstigen Beobachtungen am Wasser, die auf eine gewisse Selektivität der Fische schließen lassen. Oft hat der Fischer dann nämlich nicht die passend gebundenen Muster in der Fliegenbox. Dieser Behelf war übrigens, als ich ein kleiner Junge war, bei den alten Fliegenfischern gang und gäbe.

Den Ausgangspunkt bildet ein Grundmuster Nr. 1, in der Regel auf Hakengröße 14, plus/minus 2, das einen spindelförmigen Körper aus Floßseide besitzt, der gerippt sein kann. Die ziemlich langen Hecheln und Schwanzfäden sollten von einem Haushahn minderer Qualität stammen, also nicht zu steif sein. Ihre Färbung darf nicht zu stark von der des Fliegenkörpers abstechen. Die Grundfarben des Körpers sind, in der Reihenfolge ihrer Effektivität, Braun, Schwarz, Oliv, Beige, Rot und Gelb. Die Konturen dieser Fliege werden nur durch das gezielte Kappen ihrer Kopfhechel und der Schwanzfibern verändert. Nur bei Nr. 7 und 7a erfolgt die Veränderung auch durch leichtes Krümmen des Hakenschenkels.

Jumbofliegen

Meine Jumbofliegen erheben nicht den Anspruch, von Aussehen und Konzeption her etwas Besonderes zu sein. Sie sind schlicht, groß und schwer. Sie sind relativ einfach herzustellen und erinnern in ihrem Habitus an die Nachbildungen uralter Larven- und Nymphenmuster (Abb. 50), weshalb ich mich ehrlicherweise auch nicht für den Erfinder dieser Archetypen halte. Dennoch benötigte diese Rückbesinnung einige Zeit, was wieder einmal beweist, wie weit wir uns schon von der Ursprungsidee, von der klaren Ratio versunkenen Jägertums, entfernt haben.

Abb. 50. Jumbofliege

Seit langem hatte ich nach einer fängigen Fliege gesucht, die sich extrem beschweren ließ, um möglichst rasch zu den steigfaulen Grundäschen zu gelangen. Daneben hatte ich an den mir zugänglichen Äschenstrecken herumgeforscht, auf welche Muster die größten vor Ort gefangenen Äschen erbeutet worden waren. Und von Mal zu Mal wurde es klarer, daß es sich hierbei überwiegend um größere, tiefgefischte Naßfliegen handelte. Dann schenkte mir mal an einem berühmten Äschenfluß ein alter Herr, dessen Beute ich bestaunte, ein paar Fliegen und gab mir den Rat, sie querab an einer mäßig sinkenden Leine zu fischen. Der Erfolg war überwältigend. Noch am gleichen Abend sezierte ich eine der Fliegen: Hakengröße 12 mit Bleidraht beschwert, olivfarbener Dubbingkörper mit Golddraht gerippt, Hechel vom Badgerhahn. Jedoch Fliege und Methode brachten auf Dauer nur während des Abendsprungs überdurchschnittliche Ergebnisse, und weil Sommer war, konnte ich der Trockenen oder hochgeführten Naßfliege nicht immer widerstehen. Ich vergaß die Fliege eine Zeitlang. Bis ich mich im Spätherbst wieder an sie erinnerte und sie hier in meiner Nähe an die schnell sinkende Leine knüpfte. Wieder bissen ein paar große Äschen auf sie an, und das in Flußpartien, in denen man nur selten oder nie einen Fisch steigen sah.

Und als ich mich bemühte, den Fliegenhaken aus den Lippen dieser in aller Heimlichkeit alt gewordenen Veteraninnen zwecks Freigabe zu lösen, da merkte ich, daß diese Äschenmäuler in Wirklichkeit doch gar nicht so klein waren, sondern ziemlich geräumig.

Das machte mich übermütig. Daheim holte ich ein paar schwarz brünierte Lachsfliegenhaken der Größe 6 und 8 hervor und überwand sie mit einer Lage ziemlich dicken Bleidrahtes. Da mir als Vorbild die Perla-Larve vorschwebte, die in den Seitenbächen jener Flußstrecke noch hauste, gab ich der Fliege einen dickbraunen Dubbingkörper, den ich mit stabilem Golddraht umrippte. Aus reiner Intuition heraus versah ich sie mit einem blue-dun-farbenen Hennenhechel. Fertig war das Kunstwerk, das ich wegen seines Leibesumfangs Jumbo taufte.

Offenbar war ich instinktiv auf die richtige Farbkombination gestoßen, denn diese Fliege, grundnah gefischt, bewährte sich als ein ganz gefährlicher Äschen- und Forellenkiller, besonders zu Anfang und Ende der Saison. Orange- oder olivfarbene Dubbingkörper, immer mit Golddraht umwunden, und braune Hennen- oder Wildgeflügelhecheln erwiesen sich ebenfalls als sehr fängig. Doch bis heute kann ich mich des Eindrucks nicht erwehren, daß die erste Fliege doch noch immer die beste ist.

Wenn man auf Meerforellen trifft

Hin und wieder taucht in den Fachzeitschriften die Kunde von Meer-
forellenfängen auf. Das läßt hoffen. Zumal anzunehmen ist, daß die
meisten Erfolge nicht an die Öffentlichkeit dringen. Also lohnt es sich
auch bei uns, an geeigneten Gewässerstrecken die Fliegenrute zu schwingen. Hauptsächlich sind es die Brackwasserregionen und küstennahen
Flüsse, die ein gezieltes Fischen auf die Meerforelle erlauben. Und keine
zweite Fliege ist für diese rasante Kämpferin so gut geeignet wie die
Nasse. Abgesehen von den Küstenregionen des Kontinents und ihren
unverbauten Fließstrecken wird der reisende Fliegenfischer hauptsächlich in Skandinavien und auf den Britischen Inseln mit der Meerforelle
zusammenstoßen. Vor allem in Großbritannien und auf der Grünen Insel
ist es manchmal erstaunlich, welche Entfernungen dieser Fisch durch
weite Flußstrecken bis hinauf in abgelegene Bergseen zurücklegt, in
denen man bei der üblichen Boots- oder Uferangelei plötzliche Bekanntschaft mit ihm macht.

Doch ganz gleich, wo und wann man auf diese meergestählten
Kraftpakete fischt: Die Naßfliege mit ihren vielseitigen Anbietetechni-
ken ist für sie geradezu prädestiniert. Alle in diesem Buch beschriebenen
Methoden können auf die Meerforelle angewandt werden. Wobei jedoch
während der warmen Sommermonate die Schwimmschnurtechnik Vorrang genießen sollte. Verbindliche Anregungen zu geben, ist aber wegen
der geographisch so unterschiedlichen Lage der Fanggründe wie auch im
Hinblick auf die Launenhaftigkeit der Meerforelle unmöglich. Ich selber
habe meine brauchbarsten Informationen immer an Ort und Stelle
gesammelt, entweder durch gezieltes Befragen ortskundiger Fischer
oder, wenn diese sich weniger mitteilsam zeigten, durch Beobachtungen
als ,harmloser' Spaziergänger. Im allgemeinen läßt sich aber sagen, daß
die Meerforelle im Frühjahr, solange das Wasser noch kalt ist, tief steht.
Frisch vom Meer aufgestiegene Fische suchen sofort nach Deckung. Die
uns von anderen Salmonidenarten bekannten Örtlichkeiten werden auch
in diesem Fall gern angenommen: ob unterhöhlte Ufer, schützendes
Wurzelgestühl, große Steine, überschattete Kolke oder tiefe Rinnen.
Klares Wasser verspricht bessere Aussichten als trübes. Deswegen muß
der Angler Wert auf gute Tarnung legen.

An Gewässern, in denen sich der Gezeitenstrom bemerkbar macht,

Tafel 14. Drei klassische Vertreter der Landinsekten (Terrestrials), die unzählige Male nachgebildet wurden. Oben: Käfer (Pinselkäfer). – Unten: *links* Ameise (Rote Wald-ameise); *rechts* Fliege (Stubenfliege)

bringt das Niedrigwasser in aller Herrgottsfrühe gute Erfolge. Jetzt sind die Fische auf Jagd. Das Zwielicht der Morgendämmerung verleiht vor allem den größeren Reizfliegen einen unwiderstehlichen Zauberglanz. Keine hungrige Meerforelle wird an diesem aufreizenden Happen vorbeijagen können. Mit zunehmendem Licht, vor allem bei windarmem Wetter und klarem Wasser, verflüchtigt sich jäh die Gunst der Stunde. Zum Frühstück wird der Angler schon wieder zu Hause sein.

Tagsüber ist der Meerforelle also nicht leicht beizukommen. Leichter Regen und nicht zu kräftiger Wind sind noch die besten Voraussetzungen, dennoch einen Versuch zu wagen. Als allerbeste Zeit erweisen sich jedoch die Abenddämmerung und die frühen Nachtstunden bis ein Uhr. Ist die zu befischende Strecke jetzt noch vom auflaufenden Wasser betroffen, dann läßt sich schon von idealen Bedingungen sprechen. Immer neuen Ansporn geben jetzt die hoch aus dem Wasser schnellenden und laut platschend zurückfallenden Fische.

Bei der Naßfliegenführung sollte sich der Angler, besonders wenn es dunkel ist, über die Strömungsverhältnisse des Gewässers im klaren sein. Der Kontakt zur Fliege darf nicht unterbrochen werden. Vor allem dann, wenn mit großen Reizmustern oder typischen Meerforellenfliegen geangelt wird. In warmen, hellen Nächten darf jedoch ruhig ein Versuch mit den üblichen Forellenfliegen gewagt werden, die hoch an der Oberfläche zu führen sind und fast unbewegt durch das Wasser driften. Nur hin und wieder darf ihnen mit ganz behutsamem Zug an der Leine ein bißchen Leben eingehaucht werden. Empfehlenswerte Muster sind Eintagsfliegen-Imitationen, diverse Landinsekten jeder Größe, Köcherfliegen und, nicht zu vergessen, die langstelzigen Daddy-Long-Legs. Als Reizfliegen bieten sich alle Butcher-(Fleischer-)Typen an, ferner Peter Ross, Black Pennell, Invicta, Mallard and Gold, Teal and Red, Connemara Black und all jene typischen Meerforellenfliegen, deren Ingredienzien ich anschließend auflisten werde. Außerdem werden von traditionsbewußten Meerforellenanglern gern kleinere Lachsfliegenmuster, sogenannte Full Dressed Salmon Flies, gefischt.

Die Auswahl fangversprechender Fliegen zum Angeln auf Meerforellen erleichtert Tabelle 4 etwas. Da in den meisten Ländern, in denen die Meerforelle intensiver als bei uns mit der Fliege befischt wird, teilweise noch die alten Hakengrößen-Nummern Geltung haben, zeigt Abb. 51 zum Vergleich die alte und neue Skala.

Abschließend nun die Bindeanleitungen für fünf klassische Meerforellenfliegen. Hakengröße 12–8.

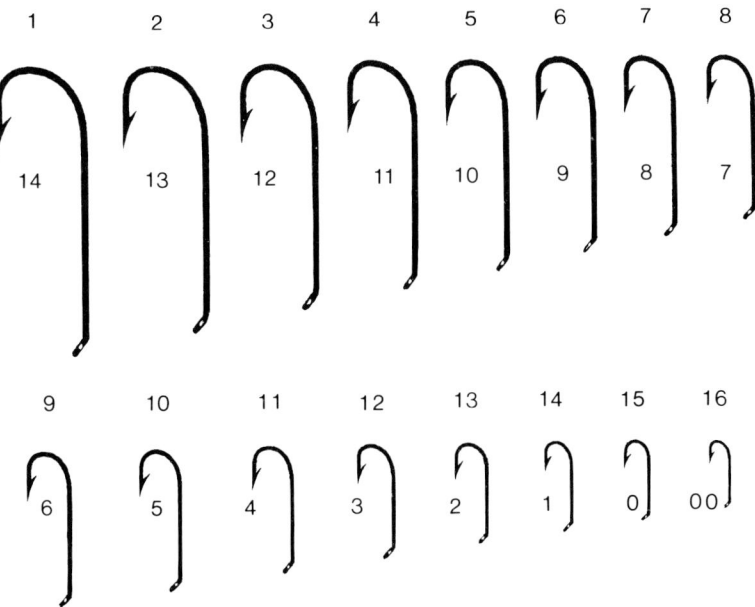

Abb. 51. Hakenskala. Obere Zahlenreihe neue Bezeichnung, untere Zahlenreihe alte Bezeichnung

Tabelle 4

Empfehlenswerte Muster für das Fischen auf Meerforellen

(Nach C. F. WALKER)

Monat	Mai	Juni	Juli	August	September
Mittag (hohes Wasser)	Phantasiefliegen	Phantasiefliegen	Phantasiefliegen	Phantasiefliegen	Phantasiefliegen
Mittag (niedriges Wasser)	Forellenfliegen	Forellenfliegen	Forellenfliegen	Forellenfliegen	Forellenfliegen
20.00 bis 22.30 Uhr	Forellenfliegen	Forellenfliegen	Forellenfliegen	Phantasiefliegen	Phantasiefliegen
22.30 bis Mitternacht	Phantasiefliegen	Phantasiefliegen	Phantasiefliegen	Phantasiefliegen	Phantasiefliegen
nach Mitternacht		Phantasiefliegen	Phantasiefliegen	Phantasiefliegen	

Bucktail and Silver

Körper: Flachsilbertinsel, mit Silberdraht gerippt
Flügel: Dunkle Haarspitzen etwa aus dem Kalbsschwanz
Hechelbart: Rot gefärbte Hechelspitzen.

Teal Blue and Silver

Körper: Flachsilbertinsel, mit Silberdraht gerippt
Schwanz: Goldfasanfibern
Flügel: Krickente, von Brust oder Flanke
Hechelbart: Leuchtend blaue Hechelspitzen.

Silver Doctor

Körper: Flachsilbertinsel, mit Silberdraht gerippt
Schwanz: Goldfasanfibern
Flügel: Verschiedene Streifen grün, gelb und rot gefärbter Gänsefibern, mit zwei grauen Mallardfedern in Lachsfliegenbindeweise angewunden
Hechelbart: Leuchtend blaue Hechelspitzen.

Black and Orange

Körper: Orangefarbene Floßseide, mit Golddraht gerippt
Schwanz: Goldfasanfibern
Flügel: Schwarzglänzende Federsegmente von der Krähe
Hechelbart: Schwarze Henne.

Shrimp Fly

Körper: Orangefarbene Seehundflusen locker gedubbt, mit Golddraht gerippt
Hechel: Rotgefärbte Hahnenhechel, nicht zu dicht im Palmerstil bis zur Körpermitte gewunden.

Tafel 15. Oben: In der Gezeitenzone auf Meerforellen. – Unten: Meerforellen-Stilleben

Erläuterungen
der Fach- und Fremdwörter

Absinkphase Zeit, in der Fliege, Vorfach oder Leine absinken

AFTMA-Klassen Auf Gewicht und Länge bezogene Klassifizierung bei Fliegenleinen

Aktivität (der Fische) Wenn die Fische Nahrung aufnehmen

Alder s. Schlammfliege

Attractor Engl., augenfällig gebundene Reizfliege

Aufsteiger s. Emergenz

Bachmücke s. Daddy-Long-Legs

Baetis Eintagsfliege aus der Familie der Baetidae

Beetle Engl., Käfer

Berners, Juliana Engl. Äbtissin. Gab 1496 ersten klaren literarischen Hinweis auf verschiedene Kunstfliegen

Bißanzeiger s. Strike Indicator

Bleidraht Spezialdraht aus Blei in verschiedenen Stärken. Wird um Hakenschenkel gewunden und sorgt für die Beschwerung der verschiedensten Spezialfliegenmuster

Bloodknoten Spezialknoten, meistens zur Verbindung verschiedener Vorfachstärken und -längen

Body Engl., Körper

Bogenwurf Die Fliegenleine wird in einem Bogen gegen die Strömung gelegt, damit ein zu frühes Dreggen der Fliege ausgeschaltet wird

Brooks-Methode Spezielle Sink-Leinen-Technik des amerikanischen Nymphenspezialisten Ch. E. Brooks

Butt Engl., der Stoß oder das Anhängsel, aus einer Federfiber gebundene Verdickung am Körperende. Täuscht den Eisack mancher Insekten vor oder hat rein optischen Effekt, so z. B. bei den Attractors

Caenis Eintagsfliegen-Gattung

Caterpillar Engl., Raupe

Chitin Baustoff des Körpergerüstes von Insekten

Coch-y-Bondhu Engl./keltisch, nicht übersetzbar. 1. eine bestimmte Käfernachbildung. 2. Hahnen- oder Hennenskalp, deren Federn ein schwarzes Zentrum und rotbraune Außenspitzen besitzen

Cock Engl., Hahn

Creeper Engl., Kriecher

Daddy-Long-Legs Engl., Papa Langbein, große, langbeinige Schnakenart. Keine Blutsauger

Dark Olive Engl., die Dunkelolivfarbene. Eintagsfliegen-Imitation der *Baetis pumilus*

Diptera Insekten, Zweiflügler, z. B. Mücken, Schnaken, Fliegen

Doppeln (von Federn) Die Hechelfeder wird so behandelt, daß sich ihre Fibern schräg nach hinten neigen

Dreggen Die Fliege dreggt, d. h. sie furcht das Wasser

DT (double taper) – Fliegenleine Doppelt verjüngte Fliegenleine

Dubben, gedubbt s. Dubbing

Dubbing Engl., Fellflusen, Tierhaare, Unterwolle, Synthetik usw. werden an einen Faden gesponnen und zu Fliegenkörpern geformt

Dubbingnadel Fliegenbindewerkzeug zum Herauszupfen von Flusen, Haaren, etc. aus dem Fliegenkörper

Dun Engl., soeben geschlüpfte Eintagsfliege (Subimago). Hauptanteil der Oberflächennahrung unserer Salmoniden

Eintagsfliegen Wichtigste und bekannteste Insektenordnung in der Fliegenfischerei. Die Eintagsfliegen (Ephemeroptera) erkennt man auf dem Wasser an ihren typisch aufgestellten Flügeln und den zwei oder drei Schwanzfäden. Ihre Larven (Nymphen) leben ausschließlich im Wasser

Emergenz (Engl. Emergence) Zur Oberfläche auftauchen. Man meint

162

hiermit die reifen Larven oder Nymphen, die zum Schlüpfen zur Oberfläche schweben (engl. Emergers; dtsch. Aufsteiger)

Entomologie Insektenkunde

Fancy Engl., Phantasie(-fliegen)

Federsegmente z. B. Flügelausschnitte für geflügelte Naßfliegen, aber auch einzelne Federfibern, aus denen Fliegenkörper gewunden werden (Segmentierung)

Feeling Engl., Gefühl(-ssinn); z. B. für Rute und Leine

Fish-hair Engl., Fischhaar, synthetisches, mehr oder weniger grell gefärbtes Kunsthaar, das den Fliegen eine hohe Eigenbeweglichkeit verleiht

Flat Wings Engl., Flachflügel (Flachflügler, z. B. Fliegen, Wespen)

Flohkrebse Ordnung Amphipoda, auch Bachflohkrebs genannt. Schwimmen lebhaft in Seitenlage in Grundnähe. Sehr wichtige Fischnährtiere. Engl. Freshwater Shrimp

Floss Engl., Körperseide, Rohseide, Flockseide

Full Dressed Salmon Flies Engl., farbenprächtige, traditionell gebundene Lachsfliegen

Futterzyklus, Nahrungszyklus Hiermit ist der tages- oder jahreszeitliche Kreislauf des natürlichen Nahrungsangebots sowie die Futteraufnahme der Fische gemeint

Gnat Engl., (Kriebel-, Stech- oder Zuck-) Mücke

Gold Ribbed Hare's Ear Engl., Goldgerippte Hasenohrfliege. Klassisches Fliegenmuster

Grizzly Engl., graue, dunkel gesperberte Hechelfeder oder Skalp

Grub Engl., Made, Larve, auch Wurm

Hechel Der Federkranz am Kopf unserer Fliegen. Die Hechelbart oder Kehlhecheln – ein Fiberbüschel im Kehlbereich bei vielen Naß- oder Lachsfliegen. Auch beim Streamer häufig

Hackle Engl., Hechel

Halford Der Vater des klassischen Trockenfischens, Fredric M. Halford (1844–1914)

Head Engl., (Fliegen-) Kopf

Hechelfliege Gewöhnlich eine Fliege, die nur Kopf- oder Körperhecheln besitzt

Hen Engl., Henne

Herl Engl., einzelne längere Fiberfahne von z. B. Pfau oder Strauß

Knotted Midges Engl., kopulierendes Mückenpärchen

Köcherfliegen Zweitwichtigste Insektenordnung in der Fliegenfischerei. Die Köcherfliegen (Trichoptera) erkennt man an ihren dachförmig zurückgelegten Flügeln. Ihre Larven leben, meist in Köchern, ausschließlich im Wasser

Lachshaken Schwarz brünierte, starkdrähtige Spezialhaken

Leisenring-Lift James E. Leisenring (1878–1951), Deutsch-Amerikaner, berühmter Naßfliegenfischer und Erfinder des Leisenring-Liftes, d. h. Vortäuschung einer zum Schlüpfen aufsteigenden Larve oder Nymphe

Mallard Stockente

Menden Eingedeutscht, amer. Line Mending, d. h. das Korrigieren der abtreibenden Fliegenleine, indem man den entstandenen Schnurbogen aufnimmt und gegen die Strömung legt. Gewährleistet das störungsfreie Abtreiben der Naßfliege

Midge Engl., Mücke

Muster Künstliche Fliege

Naßhechel Eine weiche, lappige Hechel, die die gegensätzlichen Qualitäten einer Trockenhechel aufweist. Meist von Henne oder Wildvögeln

Nymphe Eintagsfliegenlarve, im Wasser lebend, oder deren künstliche Nachbildung. Der Begriff wird heute in der Fliegenfischerei auch großzügig auf andere Spezies ausgedehnt

No Hackle-Fliege Fliege ohne Hechel

Palmer Über den gesamten Körper behechelte Naß- oder Trockenfliegen

Perla Lat., große Steinfliegenarten (Familie Perlidae)

Pocket Engl., taschenähnliche Aushöhlung am Grund; meist guter Standplatz von Fischen

Polaroidbrille Eine spezielle Sonnenbrille, die reflexdämpfende Gläser besitzt und bei günstigem Licht einen guten Einblick ins Wasser gewährt

Polypropylen Synthetisches Körperbindematerial, schwimmfähig

Population Lat., die Gesamtheit der

163

Individuen, z. B. Fische, Insekten, in einem begrenzten Bereich

Präsentation Das Anbieten der künstlichen Fliege

Rib Engl., die Rippung des Fliegenkörpers

Rhithrogena Lat., Eintagsfliegen-Gattung mit neun Arten

Ruderwanzen Auch Wasserzikaden genannt (Familie Corixidae). Sehr lebhaft unter Wasser und in der Luft (!). Durchstoßen zum Luftholen die Oberfläche

Seal Engl., Seehund (-dubbing), das populärste Körpermaterial in der Naßfliegenbinderei

Sedge Engl., Köcherfliege (Näheres s. Köcherfliegen)

Sinking Line Engl., voll sinkende Fliegenleine

Sink Tip Line Engl., schwimmende Fliegenleine, bei der nur die Spitze absinkt (meist 3 m oder 6 m)

Skues G. E. M. Skues (1861–1949) Vater und Gründer des klassischen Nymphenfischens

Schlammfliege Engl. Alder. Auch Erlfliege genannt. Mai–Juni. Düster gefärbtes, köcherfliegenähnliches Insekt. Die im Wasser lebende Larve ist ein sehr begehrter Bissen

Spent Engl., sterbendes oder abgestorbenes Eintagsfliegenweibchen. Treibt meist mit ausgebreiteten Flügeln auf dem Wasser

Spezies Lat., die Art

Spinner Engl., geschlechtsreife Eintagsfliege

Springer s. Strecker

Steinfliegen Engl. Stone Flies. Eine sehr alte Insektenordnung, die als Larve (im Wasser lebend) und als geflügeltes Vollinsekt für die Fliegenfischerei interessant ist

Strecker Engl.: Point. Die Fliege an der Vorfachspitze, wenn mit mehreren Fliegen zugleich gefischt wird. Die zweite Fliege (engl.: Dropper) oder die dritte Fliege (engl.: Bob) heißen Springer

Strike Indicator Engl., Bißanzeiger. Optisches Hilfsmittel zum Erkennen von Bissen, wenn die Fliege tief unter Wasser treibt

Tag Engl., das Anhängsel, wird meist aus einer schmalen Gold- oder Silbertinselwindung am äußersten Ende des Fliegenkörpers angebracht

Tail Engl., Schwanz (der Fliege)

Teal Engl., Krickente

Terrestrials Engl., Landinsekten

Thorax Griech., Brust(-bereich)

Tinsel Engl., lamettaähnliches Körper- oder Rippungsmaterial

Wachs Fliegenbindewachs, zum Präparieren des Bindefadens, z. B. beim Dubben

Weißdornfliege Lat. *Bibio marci,* engl. Hawthorn Fly. Eine landgebundene Fliegenart, die im April Juni häufig an den Ufern schwärmt

WF (weight forward) – Fliegenleine Keulenschnur

Willow Fly Engl., Weidenfliege

Wing Engl., Flügel (der Fliege)

Yard Englisches Längenmaß; 1 yard = 3 feet = 91,5 cm

Fliegen-Index

Der zuerst genannte Name (deutsch oder englisch) ist der im deutschen Sprachraum gebräuchlichste. Die normal gedruckten Zahlen hinter den Namen verweisen auf die Textseite, auf der die Fliege besprochen ist, die fett gedruckten Zahlen auf die Seite, auf der die betreffende Fliege farbig abgebildet ist.

Bücher für Fliegenfischer

Reinhard Brehmer
Die Ausrüstung des Fliegenfischers
Auswahl und Gebrauch passender Geräte. 1984. 142 Seiten mit 143 Einzeldarstellungen, davon 32 Fotos, in 57 Abbildungen. Gebunden 38,– DM

Norbert Eipeltauer
Streamerfischen
Eine Anleitung für Angelspezialisten. 1981. 93 Seiten mit 46 Abbildungen im Text und auf 8 Tafeln. Kartoniert 28,– DM

Norbert Eipeltauer
Fliegenbinden für Anfänger
2. Auflage. 1980. 51 Seiten mit 62 Einzeldarstellungen in 48 Abbildungen. Kartoniert 16,80 DM

Norbert Eipeltauer
Fliegenbinden für Fortgeschrittene
1979. 84 Seiten mit 58 Abbildungen, davon 12 farbig. Kartoniert 24,– DM

Frank de la Porte
Nymphenfischen
1983. 122 Seiten mit 110 Einzeldarstellungen in 89 Abbildungen, 4 tabellarischen Übersichten und 4 Tafeln mit 20 Farbfotos. Kartoniert 38,– DM

Hans Steinfort
Fliegenfischen für Anfänger
3., neubearbeitete und erweiterte Auflage. 1980. 85 Seiten mit 84 Einzeldarstellungen in 36 Abbildungen und 2 Tabellen. Kartoniert 19,80 DM

Hans Steinfort
Fliegenfischen für Fortgeschrittene
1980. 83 Seiten mit 125 Einzeldarstellungen in 61 Abbildungen. Kartoniert 19,80 DM

Hans Steinfort (Herausgeber)
Meisterhaftes Fliegenfischen
Expertenratschläge für Flugangler. Unter Mitarbeit von Reinhard Brehmer, Norbert Eipeltauer, Günter Jens, Frank de la Porte, Dieter Schicker, Jürgen Schrodt, George A. Solohow, Hans Steinfort, Božidar Voljč, J. P. Lorenz Wehrmann, Bruno Wigam. 1984. 195 Seiten mit 217 Einzeldarstellungen, davon 58 farbig, in 70 Textabbildungen und auf 24 Tafeln. Gebunden 58,– DM

Hans Steinfort/Božidar Voljč
Das Fischen mit der Trockenfliege
Voraussetzungen, Notwendigkeiten und Chancen. 1985. 160 Seiten mit 41 Fotos, davon 16 farbig, und 77 Einzeldarstellungen in 35 Zeichnungen. Gebunden 42,– DM

Jürgen Schrodt
Insektenkunde für Fliegenfischer
Beobachtungs- und Bestimmungshilfe. Wegweiser zum Angelerfolg. 1984. 168 Seiten mit 285 Einzeldarstellungen in 158 Abbildungen, in 8 Bestimmungsschlüsseln und mit 5 Tabellen. Kartoniert 36,– DM

Ekkehard Wiederholz
Große Wurfpraxis des Fliegenfischens in Bildern
1975. 110 Seiten mit 199 Fotos. Gebunden 28,– DM

Preisstand: Frühjahr 1986
Änderungen vorbehalten

Verlagsbuchhandlung
Paul Parey
Spitalerstraße 12
2000 Hamburg 1